社会福祉のデンマーク語

新谷 俊裕 訳注

東京 大学書林 発行

Helsingør Kommunes Faktfoldere

fra Social- og Sundhedsforvaltningen

oversat af Toshihiro Shintani
kommenteret af Toshihiro Shintani, Masako Suzuki
og Yukiko Sannomiya

はしがき

　外国語学習において，特に独習する場合には，対訳書の存在は非常に便利である．英独仏語などのメジャー言語では対訳書が豊富に出回っているが，いわゆるマイナー言語であるデンマーク語では事情が異なり，アンデルセン，哲学者キェルケゴール，作家ブリカ，言語学者イェスペルセンの作品が大学書林から出ているに留まっている．しかしこれらは，詳細な注が示されている福井信子氏のアンデルセン著『皇帝の新しい服』を除けば，デンマーク語の初学者向けの注が付されているとは言い難い．その上，作品が100年～200年と古いものであるため，文体が古く，初学者向けとは言えない．したがって，本書の訳者は，上記のイェスペルセン著『ラスムス・ラスク』を1987年に出して以来，現代デンマーク語の平易な文体のテキストを基にして初学者向けの対訳書を作れないものかと考えてきた．

　そのような中，1997年4月下旬から10ヶ月強の間デンマークに滞在する機会があり，そのときに住んでいたヘルスィングエーア・コムーネ（市）の様々なパンフレットの中から社会福祉関連のパンフレット（5冊）をテキストにすれば，量的にもちょうど良い対訳書になるであろう，また，デンマークの社会福祉に関心を抱き，デンマーク語を勉強してみようと考える人が多数いることからも，内容的にも適切なものができるのではないかと考えた．そしてヘルスィングエーア・コムーネの市役所からパンフレットを対訳書のテキストとして使用する許可を得ることができた．

　1998年3月帰国直後に対訳書の作業にとりかかり，同年5月下旬には，テキスト全体の訳と，1つのパンフレットの注も半分強が終ったものの，公私にわたり多忙が重なったために作業が中断し，その後なかなか再開できないまま3年の月日が過ぎ

てしまった．そこで，若手研究者である大阪外国語大学非常勤講師の鈴木雅子さんとデンマークで翻訳家としての道を進もうとしていた三宮由紀子さんに注作りの手伝いをお願いすることにした．このようにして，ようやく2001年6月に原稿を完成することができたわけである．当初は全体的にできるだけ詳しい注をと考えていたのだが，以上のような背景から時間節約を余儀なくされ，本書は注の詳しさに段階的差異を付けて「Ⅰ．初級篇」，「Ⅱ．準中級篇」，「Ⅲ．中級篇」の3部構成になったが，結果としてはこれが最良の策であったと言えるかも知れない．

　最後に，本書にサービスパンフレットの使用を許可していただいたヘルスィングエーア・コムーネに心から感謝するとともに，内容に関する訳者の疑問に対して，親切かつ適切にお答えいただいたヘルスィングエーア・コムーネ社会福祉・保健局の広報担当官 Susanne Bald 氏，および同コムーネ市役所広報課の方々にお礼を申し上げる．また，言語面で筆者の疑問にお答えいただいた大阪外国語大学の元同僚，先々代デンマーク人客員教授の Martin Paludan-Müller 氏に感謝します．また，注の手伝いをしてもらった鈴木雅子さんと三宮由紀子さんに mange tak を．そして，本書の出版を快く引き受けて下さった大学書林社長の佐藤政人様に衷心よりお礼を申し上げます．

　2002年6月

　　　　　　　　　　　　　　　　　　訳注者　　新谷俊裕

目　次

はしがき　　　　　　　　　　　　　　　　　　　　　i

ヘルスィングエーア・コムーネから日本のみなさまへ
　Forord til japansk lærebog i dansk　　　　　　　　iv

福祉パンフレットが日本においてデンマーク語教科書
　[対訳書]となるにあたっての序文　　　　　　　　　v

本書を読む前に　　　　　　　　　　　　　　　　　vi
　ヘルスィングエーア・コムーネの行政機構図　　　　x

Ⅰ. 初級篇
　Døgnpleje　24時間ケア　　　　　　　　　　　　　2

Ⅱ. 準中級篇
　Kontanthjælp　現金援助金　　　　　　　　　　　66
　Dagcentre　デイセンター　　　　　　　　　　　86

Ⅲ. 中級篇
　Madservice　食事サービス　　　　　　　　　　114
　Hjælpemidler　補助器具　　　　　　　　　　　132

ヘルスィングエーア・コムーネから日本のみなさまへ

Forord til japansk lærebog i dansk

De fem servicefoldere, som optræder i denne bog, er udarbejdet af Helsingør Kommune til borgerne. Udgivelsen af servicefoldere er lovpligtig, hvilket vil sige, at den danske stat forpligter landets 275 kommuner til på den måde at give borgerne præcise informationer om forskellige serviceydelser såsom børnepasning, skole, snerydning, tandpleje, campingpladser, museer, boliger, børnetilskud, pension, kontanthjælp, skattekort, bygningstilladelse osv.

Helsingør Kommune er landets 10. største. Der bor godt og vel 60.000 mennesker i de 12 byer, som tilsammen udgør kommunen. Men det er ikke kun landets indbyggere, som er glade for området med den smukke natur (strande, skove, søer). Kommunen, og ikke mindst Helsingør, modtager hvert år et stort antal turister, herunder japanske, som bl.a. kommer for at besøge Hamlets Kronborg.

Det er med stor glæde, at Helsingør Kommunes Kommunikationssekretariat giver professor Toshihiro Shintani tilladelse til at bruge bogens servicefoldere. Hvis interesserede skulle have brug for mere information, er man altid velkommen til at henvende sig. For et ajourført indhold i servicefolderne anbefaler jeg, at man benytter kommunens hjemmeside, hvor samtlige servicefoldere ligger elektronisk.
Adressen er: www.helsingorkommune.dk

Helle Simonsen
Kommunikationssekretariatet
maj 2002

福祉パンフレットが日本において
デンマーク語教科書［対訳書］となるにあたっての序文

　本対訳書に取り上げられている5冊のサービスパンフレットは，ヘルスィングエーア・コムーネが市民のために製作したものです．この種のサービスパンフレットの発行は法律によって義務づけられています．つまり，デンマーク国家は国内275のコムーネがこのようにパンフレットを発行することで，例えば，幼児・児童保育，学校，雪かき，歯のケア，キャンプ場，博物館・美術館，住居，児童手当，年金，現金援助金，税金カード，建築許可等のような種々のサービスに関する正確な情報を住民に提供することを義務づけているわけです．

　ヘルスィングエーア・コムーネは住民6万人強のデンマーク第10位のコムーネで，ヘルスィングエーアの町を筆頭に12の町からなっています．しかしながら，美しい自然（海岸，森，湖）に恵まれたこの地域を楽しみにしているのはデンマーク国民ばかりではありません．ヘルスィングエーア・コムーネ，特にヘルスィングエーアの町には，例えば，ハムレットのクロンボー城を見学しに，毎年，日本からのお客さんを含む大勢のツーリストがやって来ます．

　ヘルスィングエーア・コムーネは，大阪外国語大学の新谷俊裕教授がコムーネのサービスパンフレットを本対訳書に使用することを喜んで許可するものです．日本のみなさまがもっとお知りになりたいことがございましたら，いつでもお問い合わせください．なお，サービスパンフレットの最新版に関しましては，コムーネのホームページをご覧下さい．

　アドレスは www.helsingorkommune.dk です．

ヘレ・スィモンセン
ヘルスィングエーア・コムーネ広報課
2002年5月

［翻訳：新谷俊裕］

本書を読む前に

1．底本について

　本書の底本となっているのは，Helsingør Kommune ヘルスィングエーア・コムーネ（市）の発行する多数のサービスパンフレットのうちの社会福祉に関係する5種のパンフレット *Døgnpleje*『24時間ケア』，*Kontanthjælp*『現金援助金』，*Dagcentre*『デイセンター』，*Madservice*『食事サービス』，*Hjælpemidler*『補助器具』である．本書は対訳書であり，その目的とするところはデンマーク語力の向上であるが，同時にデンマークの社会福祉の様子も垣間見ることができるであろう．

　内容の点から見ると，当パンフレットは1998年3月の時点で最新ものであったが，その後4年あまりの年月がたっている．当然，ヘルスィングエーア・コムーネの社会福祉の事情には何らかの変化があったであろう．給付金等の金額の訂正は本書でも幾分フォローしてみたが，根本的な変化に関しては本書ではフォローしていない．ヘルスィングエーア・コムーネの福祉の最新事情に関心のある方は，インターネット上で同コムーネのホームページの Udgivelser〈出版物〉のページ（2001年6月現在：http://www.helsingorkommune.dk/udgivelser/Intro_udgivelser.htm）で Fakta om service のところをを見ていただきたい．もしも Udgivelser のページのアドレスが変更されている場合には，同コムーネのホームページのメインページ（http://www.helsingorkommune.dk/）から Udgivelser のページをたどって行けば良いであろう．なお，本書で出てくるデン

マークの貨幣単位であるデンマーク・クローネは2002年6月現在では約16円である．

2. 本書の構成について

本書は「Ⅰ. 初級篇」,「Ⅱ. 準中級篇」,「Ⅲ. 中級篇」の3部から構成されている．

「Ⅰ. 初級篇」は,デンマーク語文法をさっと概観しただけで,いまだよく覚えていない人を対象にしている．注は新谷俊裕が担当し,非常に細かく,(それはしつこいくらいに)何回も繰り返して注を示してある．また,多数あるコメントの中には,中級者や上級者にとっても有益なものが多数あるので,準中級や中級,さらには上級の人が読んでも得るところがあるであろう．対象となるテキストはDøgnpleje「24時間ケア」である．

「Ⅱ. 準中級篇」は大阪外国語大学でデンマーク語を専攻する学生で2年生になったばかりの人のレベルを念頭に置いている．注は鈴木雅子が担当し,対象となるテキストはKontanthjælp「現金援助金」とDagcentre「デイセンター」である．

「Ⅲ. 中級篇」は大阪外国語大学でデンマーク語を専攻する学生で3年生になったばかりの人のレベルを念頭に置いている．注は三宮由紀子が担当し,対象となるテキストはMadservice「食事サービス」とHjælpemidler「補助器具」である．

3. 文法用語の説明

本書で用いた文法用語について以下で少し説明する．

3.1. 名詞の変化形について

名詞の変化形は所有格のs-形を除くと,ゼロ形,単数未知形,

単数既知形，複数未知形，複数既知形の5つの形がある．ゼロ形とはデンマーク語で nul-form といい，変化語尾がゼロという意味である．各変化形は可算名詞の bil〈自動車〉を例にすると以下のようである．

　bil（ゼロ形），en bil（単数未知形），bilen（単数既知形），
　biler（複数未知形），bilerne（複数既知形）

　ゼロ形は Har du *bil*?〈車をお持ちですか？〉：den dyre *bil*〈その高価な自動車〉：min *bil*〈私の車〉のような場合に用いられる．

　複数未知形は *Biler* er dyre.〈自動車は高いものです．〉：de dyre *biler*〈それらの高価な自動車〉：mine *biler*〈私の車〉のような場合に用いられる．

　不可算名詞 vand を例にとると次のようである．

　vand（ゼロ形），vandet（単数既知形）

　ゼロ形は meget *vand*〈多量の水〉や det kolde *vand*〈その冷たい水〉のような場合に用いられる．

3.2. 形容詞の呼応変化

　形容詞の呼応変化には未知形と既知形の変化があり，未知形はさらに単数共性形，単数中性形，複数形に分かれる．stor〈大きい〉を例にすると，次のようになる．

	未知形		既知形
	単数形	複数形	
共性形	stor	store	store
中性形	stort		

未知形単数共性形の例：en *stor* bil〈ある大きい自動車〉
未知形単数中性形の例：et *stort* bord〈ある大きいテーブル〉

未知形複数形の例：	to *store* biler〈2台の大きい自動車〉,
	nogle *store* borde〈数個の大きいテーブル〉
既知形の例：	den *store* bil〈その大きい自動車〉,
	mit *store* bord〈私の大きいテーブル〉

3.3. 動詞の変化形について

本書の初級篇の注では動詞の変化形を可能な限り示した．

規則動詞第1類は動詞の右肩にローマ数字のIを付し，括弧の中に過去形と過去分詞形を示した．例：vaske¹（vaskede, vasket）〈洗う〉．

規則動詞第2類は動詞の右肩にローマ数字のIIを付し，括弧の中に過去形と過去分詞形を示した．例：læse^II（læste, læst）〈読む〉．

不規則動詞も括弧の中に過去形と過去分詞形を示した．例：træde（trådte, trådt）〈踏む〉．

前綴り（副詞/partikel）が付いたものは，前綴りを除いた部分だけを変化させた．例：for・dele^II（-delte, -delt）〈分配する〉．

法助動詞は括弧の中に現在形，過去形，過去分詞形を示した．例：måtte（må, måtte, måttet）「許可」をあらわす．

4．発音について

発音に関しては，初級篇の注で数箇所注意をうながしたところがある．その場合，例えば，形式主語の der の発音は[デア]ではなくて[ダ]であるというように，発音記号を用いずに，敢えてカタカナで発音を示した．

5. 社会福祉用語について

本書中に出てくる社会福祉用語の訳は，大阪外国語大学デンマーク語・スウェーデン語研究室（篇）．1998年（新装版 2001年）．『スウェーデン・デンマーク福祉用語小辞典』．東京：早稲田大学出版部．を可能な限り参照した．

6. ヘルスィングエーア・コムーネの行政機構図[1]

ヘルスィングエーア・コムーネのコムーネ行政は以下の6つの局で構成されている．

Centralforvaltningen	総務局
Skatteforvaltningen	税務局
Social- og Sundhedsforvaltningen	社会福祉・保健局[2]
Teknisk Forvaltningen	技術局
Børne- og Ungeforvaltningen	児童・青少年局
Kultur- og Fritidsforvaltningen	文化・余暇局

注(1) ヘルスィングエーア・コムーネ社会福祉・保健局の kommunikations-medarbejder 広報担当官 Susanne Bald 氏提供の資料（1998年3月現在）をもとに作成した．
注(2) 本書に登場する関連部署は枠に入れて示した．

****

本書のテキストである5つのパンフレットの発行元 Social- og Sundhedsforvaltningen 社会福祉・保健局の構成を詳しく見てみると以下のようである．

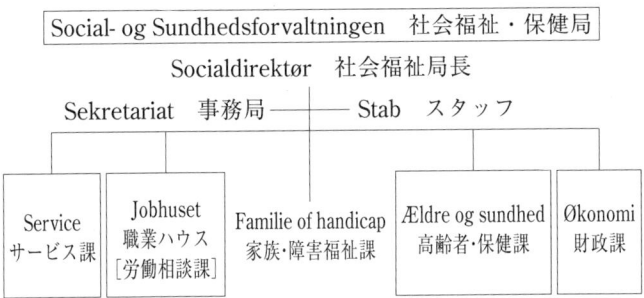

Social- og Sundhedsforvaltningen 社会福祉・保健局の5つの課のうち本書に関連する3つの課の構成を以下で見てみる．

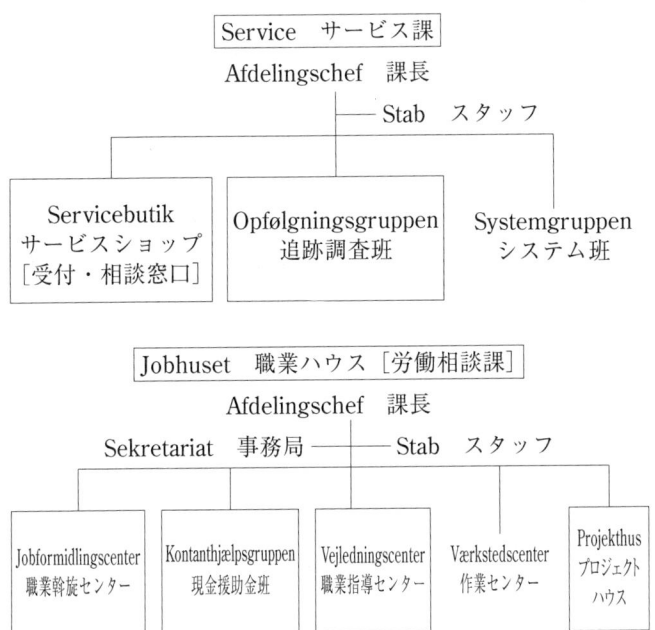

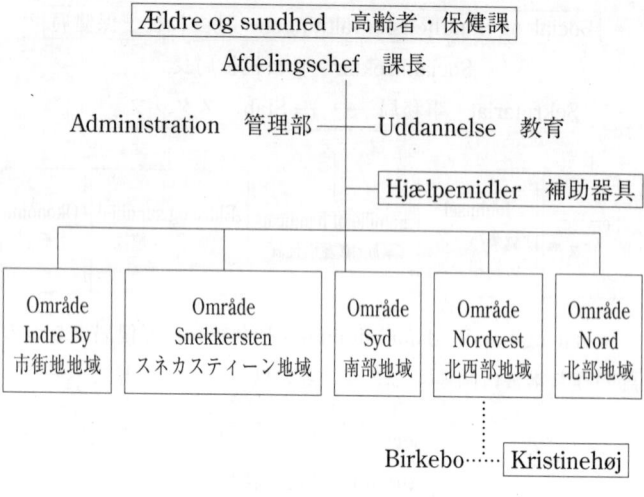

****

以上のようにヘルスィングエーア・コムーネではコムーネを5つの地域 område に分けているが，各地域の構成は以下のようである．

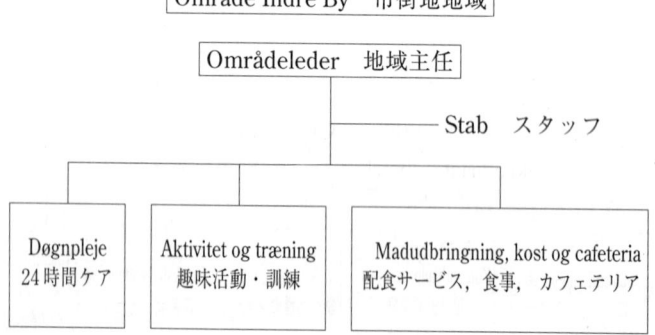

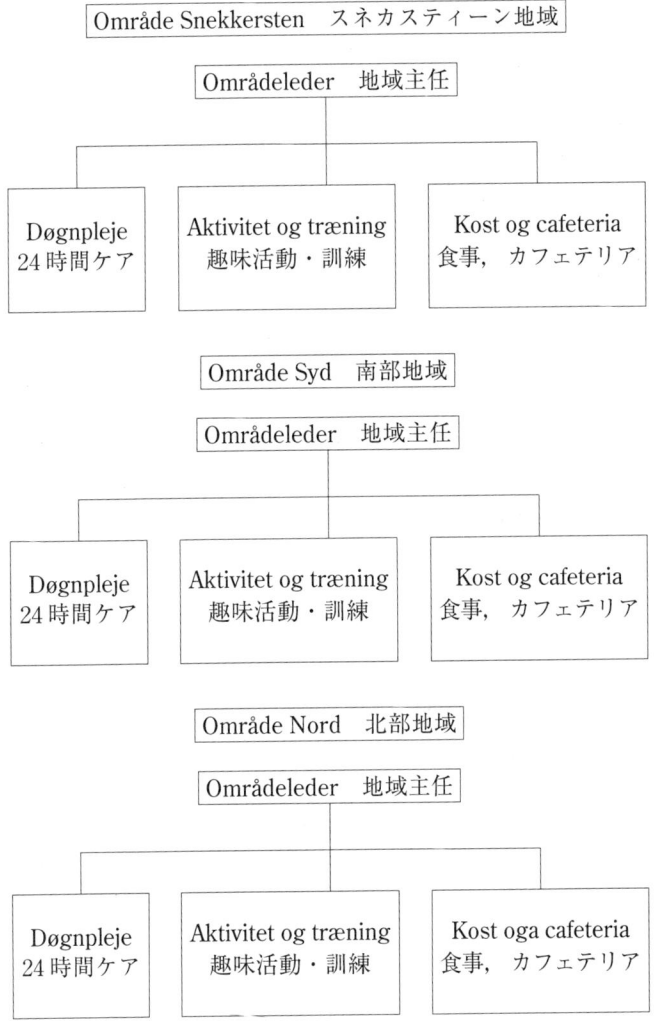

Område Nordvest 北西部地域はこれから先，充実を図る計画らしく，その構成図は未だ存在しないようである（1998年3月現在）．

　各 område 地域は，さらに distrikt 地区に細分されており，それぞれの地区にはdistriktssygeplejerske地区担当看護師が配置されている．各地域は以下のような地区に分かれている．

Område Indre By	市街地地域	12 distrikter	12 地区
Område Snekkersten	スネカスティーン地域	6 distrikter	6 地区
Område Syd	南部地域	5 distrikter	5 地区
Område Nordvest	北西部地域	6 distrikter	6 地区
Område Nord	北部地域	4 distrikter	4 地区

I. 初級篇

(初級者用の注)

Døgnpleje

Fakta om service - Døgnpleje
Serviceområde Social og Sundhed

Døgnpleje er et tilbud til alle borgere i Helsingør Kommune, der måtte have brug for hjælp i hjemmet, og som ifølge
Bistandsloven er berettiget til det.

---

1) **Fakta om service** 〈サービスに関する諸事実〉：(ヘルスィングエーア・)コムーネが行なっている諸サービスに関してコムーネが発行しているパンフレットの名称．fakta：fakt|um (-um(m)et, -a)〈事実，データ〉．om 〈～に関して・ついて〉：前置詞．service (-n, -r)〈サービス〉．**døgnpleje** (-n, -r)〈24時間ケア〉：døgn (-et, -) 〈一昼夜，終日，1日24時間〉とpleje (-n, -r)〈介護，ケア〉との合成名詞．　2) **serviceområde** (-t, -r)〈サービス分野〉：serviceとområde (-t, -r)〈分野，領域〉との合成名詞．**Social og Sundhed** 〈社会福祉・保健〉：social 〈社会の；社会福祉の〉は形容詞，一方，sundhed (-en) 〈保健；健康〉は名詞であるから，このように同価のものとして接続詞ogで並列するのは本来は文法的に不可能であるが，ここではコムーネのSocial-og Sundhedsforvaltningen〈社会福祉・保健局〉という名称の頭の部分を用いた形，あるいは同局の担当分野である social- og sundheds (service) område〈社会福祉・保健（サービス）分野〉の頭の部分を用いた形に由来するものであろう．なお，social- はこの場合，形容詞と名詞とからなる合成名詞 socialforvaltningenあるいはsocial(service)områdeの略である．　3) **er et tilbud til ～**〈～に対する提供である〉：er は være (er, var, været) の現在形．tilbud (-et/-det, -)〈提供，申し出〉．tilbud til ...〈…に対する提供・申し出〉．**alle borgere: borger** (-en, -e)〈市民〉．alle borgere 〈市民全員〉はder måtte ... と som ifølge ... の2つの制限的関係節の先行詞．このように1つの先行詞を修飾する関係節が2つ以上ある場合には，2つ目の関係節とそれ以降の関係節の中で関係代名詞が主語の場合でも関係代名詞 der が用いられることはなく，関係代名詞 som が用いられる．**Helsingør Kommune** 〈ヘルスィングエーア・コムーネ〉：Sjælland 〈シェラン島〉北東部に位置し，シェークスピアのハムレットの舞台とされる Kronborg Slot 〈クロンボー城〉 のある港町として知られている．kommune (-n, -r)〈コムーネ（日本の市町村に相当）〉．　4) **måtte**：法助

サービスの概況　24時間ケア
サービス分野　社会福祉・保健

　24時間ケアは，自宅での援助を必要としており，社会支援法に則してその援助を受ける権利のある，ヘルスィングエーア・コムーネ在住の市民全員を対象に提供されています．

動詞måtte (må, måtte, måttet) の過去形．ここでのmåtteは，「必要」，「義務」〈…しなければならない〉というmåtteの本来的な意味でもなく，また，文全体を修飾する「確実な推量」〈…にちがいない〉でもなくて，「仮定としての可能性」の意味が根底にあるものであり，典型的には制限的関係節（あるいは条件文）で用いられることがあり，特殊文体に属すものとして考えられている．このmåtteは現実にはふつう訳文の表面に現われてこない［訳せない］．　**have brug for** ～　〈～を必要としている〉：få brug for ～〈～が必要になる〉を参照．　have (har, havde, haft)．**hjælp** (-en)〈援助，助け〉．**i hjemmet**〈自宅で〉：hjem (-met, -)〈家庭，（生活の場としての）家，自宅〉．　**ifølge** ～〈～に従って/則して/よると〉：前置詞．ifølge Bistandslovenは全体が1つの副詞句（前置詞句）として，som...という関係節（すなわち，従位節）中で主語somの直後，定形動詞erの前に挿入されている．　5) **Bistandsloven**〈社会支援法〉：bistand (-en)〈援助〉とlov (-en, -e)〈法律〉との合成名詞．正式名称は，lov om socialbistand〈社会支援に関する法律〉であり，1974年に制定，1976年に施行された．　**er berettiget til** ～〈～の権利がある〉：berettiget は動詞 berettige[I] (berettigede, berettiget) A til B 〈AにBの権利を与える〉の過去分詞形容詞である．ここではberettigetは複数形の主語に対する述語/補語である．本来，主語が複数形の場合には，述語/補語になる形容詞は未知形複数形になるので，この文中のberettiget は berettigede という形が予想され，また現実にもこのberettigedeという形も可能であるが，最近の傾向としては，berettigetのような過去分詞形容詞がberettiget til ～のように前置詞結合に用いられるときには，主語に対する述語/補語の場合，主語の数には関係なく，不変化のberettigetという形が用いられる．　**det**：hjælp i hjemmet〈自宅における援助（を受けること）〉．

Servicemål

Døgnplejen i Helsingør Kommune ønsker at:

■ Fremme sundhed og forebygge sygdomme. Det skal ske ved at støtte og opmuntre brugeren til at fortsætte med de praktiske gøremål, som brugeren i forvejen kan.

■ Imødekomme behov for pleje, omsorg og praktisk bistand ved at tilbyde individuelle løsninger til brugeren.

■ Fordele den hjælp, døgnplejen har til rådighed, hvor

---

1) **servicemål**：serviceとmål (-et, -) 〈目的, 目標〉との合成名詞. 2) **Døgnplejen**：単数既知形. **ønsker at**：ønske at ＋不定詞 〈～することを望む〉. atには, 後続のFremme ... og forebygge ... とimødekomme ... とfordele ... の3組の不定詞が続く. ønske^I (ønskede, ønsket). 3) **fremme sundhed** 〈健康を促進する〉：fremme^I (fremmede, fremmet) 〈促進する；強固にする；援助する〉. sundhed (-en) 〈健康〉. **forebygge sygdomme** 〈病気を予防する〉：fore・bygge^I (-byggede, -bygget) 〈予防する〉. sygdom (-men, -me) 〈病気〉. **Det skal ske ved at ～** 〈そのことは～することによって起こるべきである〉：detは先行のat fremme sundhed og forebygge sygdomme を指す. skal ske 〈起こるべきである〉, すなわち〈なされるべきである〉. skal：「道義的要求・条理的必要」を表す法助動詞skulle (skal, skulle, skullet) の現在形. ske^{II} (skete, sket). ved at ～ 〈～することによって〉：vedは「手段」を表す前置詞. 4) **opmuntre A til at ～** 〈Aを～するように励ます〉. opmuntre^I (opmuntrede, opmuntret). **brugeren**：bruger (-en, -e) 〈使用者, 利用者〉. ここではサービスの利用者のこと. **fortsætte med ～**〈～を続ける〉：fort・sætte (-satte, -sat). 5) **de praktiske gøremål** 〈実際的な(仕)事〉：〈家事〉のこと. 後続の制限的関係節som brugeren ... kanの先行詞. deは後続の制限的関係節に照応する指示代名詞（複数形）であり, 形容詞praktiskeはこの指示代名詞の後にあり, 既知形. gøremål (-et, -) はここでは複数形. **som brugeren... kan**：関係代名詞somは関係節中ではkanの目的語. **i forvejen** 〈前もって, 事前に, あらかじめ；元来〉：従位節である関係節中で主語と定形動詞との間, すなわち中域に

サービスの目標

ヘルスィングエーア・コムーネの24時間ケアは次の点を望んでいます.

■ 健康を促進し,疾病を予防すること.これは,家事の中で利用者が元々できる(仕)事を続けるよう,利用者を援助し励ますことによって,なされるべきことです.

■ 利用者の一人ひとりに対応した解決策を提供することによって,介護,世話,家事援助のニーズに応ずること.

置かれている. **kan**:kunne (kan, kunne, kunnet):「可能性」を表す法助動詞. 6) **imødekomme 〜**〈〜に応じる〉:imøde・komme (-kom, -kommet). **behov for 〜**〈〜に対するニード/ニーズ〉:behov (-et, -). **pleje** (-n, -r)〈介護,ケア〉. **omsorg** (-en)〈面倒,世話〉. **praktisk bistand**〈実際的な援助〉:すなわち〈家事援助〉. bistand (-en)〈援助〉. 形容詞praktiskは共性名詞の単数形であるbistandを修飾しており,未知形単数共性形. 7) **ved at 〜**〈〜することにより〉:vedは「手段」を表す前置詞. **tilbyde A til B**〈AをBに提供する〉:til・byde (-bød, -budt). **individuelle løsninger**〈個人個人の解決策〉:individuelleは形容詞individuel〈個々の,個人の〉の未知形複数形で,løsningerを修飾している. løsninger:løsning (-en, -er). 8) **fordele den hjælp …, hvor …**〈…という援助を hvor …という所に配分する〉:for・dele^{II} (-delte, -delt)〈分配する〉. **den hjælp, døgnplejen har til rådighed**:den hjælpは,制限的関係節døgnplejen har til rådighedの先行詞で,denは制限的関係節に照応する指示代名詞(単数共性形). コンマの後には関係代名詞somが省略されている. このように制限的関係節中で関係代名詞somが関係節中の目的語である場合には,somを省略することがある. **have 〜 til rådighed**〈〜を意のままにする/自由に使用できる〉:harの目的語は省略された関係代名詞som. **hvor …**〈…という所に/で〉:hvorは場所を表す関係副詞. **der er mest brug for 〜**〈〜が最も必要とされている〉:mestは形容詞meget (/megen)〈たくさんの〉の最上級. 比較級はmere. den=den hjælp, døgnplejen har til rådighed.

— 5 —

der er mest brug for den. Behov for pleje vil altid gå
frem for rengøring.

Hjælp i hjemmet
Når der opstår behov for hjælp i hjemmet, skal du kontakte
5 det lokale områdecenter. Din familie, læge eller sygehuset
kan også kontakte områdecentret, hvis du ønsker det. Det
er en sygeplejerske, der vurderer, hvilken hjælp der er brug

---

1) **vil**：ville (vil, ville, villet). 法助動詞. ここでは「単純未来」. **altid**
〈常に, いつも〉：中域副詞. 主節の語順の文中では, 定形動詞(法助動
詞vil)と不定形動詞（不定詞gå）の間に置かれる. **gå frem for ～**〈～
に先行する；～より優先する〉：gå (går, gik, gået). 2) **rengøring** (-en,
-er)〈掃除〉：ren・gøre〈掃除をする〉, gøre rent〈掃除をする〉を参照.
4) **når**〈(～する)ときに〉：「時」を表す従位接続詞. **der opstår behov
…**：現代デンマーク語では, 主語がbehovのように不定の主語の場合に
は, 形式主語derで文を始めるのが一般的である. なお, 形式主語derの
発音は [ダ] であり, [デア]ではない. opstår：op・stå (-står, -stod, -stået)
〈生ずる, 発生する〉. **skal du kontakte ～**〈あなたは～と連絡をと
らなければならない/とる必要がある〉：skalは「要求・必要」を表す.
kontakte¹ (kontaktede, kontaktet). 5) **det lokale områdecenter**〈地元
の（居住地域の）地域センター〉. det：定冠詞（単数・中性：中性名詞
の単数形områdecenterに呼応しているため）. lokale：形容詞lokalの
既知形(定冠詞に後続しているため). områdecenter：område (-t, -r)〈地
区, 地域〉とcentler (-(e)ret, -re(r))〈センター；施設〉との合成名詞. **din
familie**〈あなたの家族〉. din〈あなたの〉：所有代名詞の単数共性形
（共性名詞の単数形familieに呼応しているため）, din, dit, dineと変化.
familie (-n, -r). **læge** (-n, -r)〈医師〉：先行のdinに続き, din læge〈あ
なたの医師〉. **sygehuset**：sygehus (-et, -e)〈病院〉. syge-（形容詞syg

— 6 —

■ 24時間ケアが提供できる援助を，その必要性の最も高い所に配分すること．介護のニーズが常に掃除よりも優先します．

自宅での援助

　自宅での援助のニーズ（必要性）が生じたときには，居住地域の地域センターと連絡をとってください．［しかし，］望まれるのであれば，ご家族の方や医師，あるいは病院が地域センターと連絡をとることもできます．どのような援助が必要かを判

〈病気の〉の合成形（＝合成語の第一要素になる場合の形））と hus (-et, -e)〈家，建物〉との合成名詞．sygehusetは単数既知形（これは，デンマークでは病院はふつう公立であり，そしてヘルスィングエーア・コムーネには病院は1つしかない．つまり，sygehusetは特定のものを指すので，単数既知形になっている）．　6) **også**〈また，…も〉：副詞．**områdecentret**：単数既知形．　**hvis du ønsker det**〈もしあなたがそれを望むならば〉．　hvis〈もし…ならば〉：従位接続詞．　detは主節の内容「あなたの家族や医師，病院が地域センターと連絡をとること」を指す．　　**Det er en sygeplejerske, der ...**〈…するのは看護師である／看護師が…する〉：分裂文（強調構文）．根底にあるのは En sygeplejerske vurderer, hvilken hjælp ... という文．sygeplejerske (-n, -r)：syge〈病人たち〉（←形容詞 syg〈病気の〉），pleje^{I} (plejede, plejet)〈看護する〉を参照．-ske は「女性」を表す接尾辞である（syerske〈縫い子〉（← sy^{I} (syede, syet)〈縫う〉を参照）が，現在では生産的な接尾辞であるとは言えない．　7) **vurderer ...**〈…を判断する〉：vurdere^{I} (vurderede, vurderet)〈評価する，判断する〉．　**hvilken hjælp der er brug for**〈どのような援助が必要であるか〉：間接疑問文（従位節）；vurdererの目的語．　hvilken：疑問代名詞（単数共性形：共性名詞の単数形hjælpに呼応しているため）．der er brug for 〜 〈〜が必要である〉：前置詞 for の目的語は hvilken hjælp.

for. Sygeplejersken undersøger dit behov for hjælp ved at spørge til dette:
- ■ hvad kan du selv klare og tage del i?
- ■ hvilken hjælp har du brug for?
- ■ har du en rask ægtefælle i hjemmet, som kan hjælpe til?
- ■ har du pårørende i nærheden, som har mulighed for at træde til?
- ■ har du hjemmeboende børn?

---

1) **Sygeplejersken**：単数既知形．**undersøger ～ ved at ...**〈…することにより～を調べる〉：under・søge[II] (-søgte, -søgt)〈調べる，調査する〉．ved at ...「手段」を表す．**dit behov for hjælp**〈援助に対するあなたのニード〉．dit：所有代名詞（単数中性形：中性名詞の単数形behovに呼応しているため）．behov (-et, -)：単複同形であるが，先行のditからここでは単数形であることがわかる．2) **spørge til dette**〈このことについて尋ねる・質問する〉：spørge (spurgte, spurgt)〈質問する〉．〈～について質問する・尋ねる〉は，ふつうはspørge om + 名詞類/間接疑問文(om ... あるいはhv-語 ...)の構文で表す，一方，spørge til ham/hans helbred〈彼の様子/彼の健康状態について尋ねる〉のように，spørge til ～ はふつう，人の様子や健康状態について尋ねる表現であり，したがって～の所にはふつう，人を表す名詞類（例：ham〈彼〉）や「健康状態」を意味する名詞類（例：helbred）が入る．ここでは，指示代名詞（単数中性形）dette〈このこと〉，すなわち「次の5項目」が「健康状態」を表す語と同価値と見做されている．3) **hvad kan du klare?**〈あなたは何をこなすことができるか/どうにかやっていくことができるか．〉：hvad〈何を〉：疑問代名詞．klareの目的語．kan：「能力」を表す．klare[I] (klarede, klaret)〈なんとかやっていく・処理する〉．**selv**〈自分（自身）で，一人で〉．**tage del i ～**〈～に参加する〉：先行のkanに続く．tage (tog, taget)〈とる〉．del (-en,-e)〈部分〉．前置詞iの目的語は先行のhvad．4) **hvilken hjælp har du brug for?**〈あなたはどのような援

断するのは看護師です．看護師は以下のような質問をして，あなたの援助のニードを調べます：

■ 何をご自分ででき，参加することがおできになりますか．

■ どのような援助が必要ですか．

■ ご自宅に手を貸すことができる健康な伴侶の方がいますか．

■ 近所に手を貸すことが可能な身内の方がいますか．

■ 自宅在住のお子さんがいますか．

助を必要としているか．〉：hvilken hjælp は (har brug) for の目的語． 5) **har du ... hjælpe til?**〈あなたには，手を貸すことができる健康な伴侶が自宅にいますか．〉：har du ~〈あなたは~を持っているか／あなたには~がいる（ある）か〉． en rask ægtefælle〈元気な伴侶〉：後続の関係節 som kan hjælpe til の先行詞． rask〈健康な，元気な〉：未知形単数共性形（不定冠詞の後，共性名詞の単数形に呼応している）． ægtefælle (-n, -r)〈伴侶，連れ合い〉． i hjemmet〈自宅に〉． som kan ...〈…することができるところの〉：関係節． som は関係節中の主語． kan：「能力」を表す． **hjælpe til**〈手を貸す，手伝う〉：複合動詞．動詞 hjælpe には強勢はなく，副詞 til に強勢がある． hjælpe (hjalp, hjulpet)〈助ける，手伝う〉． 7) **pårørende**（単 en pårørende, den pårørende, 複 pårørende, de pårørende）〈肉親，身内〉：後続の関係節 som ... の先行詞． **i nærheden**〈近所に，近くに〉：nærhed (-en)〈近所〉． **som ...**：som は関係節中の主語． **har mulighed for ~**〈~の可能性がある／をもっている〉：mulighed (-en, -er)〈可能性〉． 8) **træde til**〈手を貸す，手伝う〉：複合動詞．動詞 træde には強勢はなく，副詞 til に強勢がある． træde (trådte, trådt)〈踏む〉． 9) **hjemmeboende børn**〈自宅在住の（親元に住んでいる）子供たち〉． hjemmeboende〈自宅在住の〉：不変化形容詞．副詞 hjemme〈自宅で，家で〉と動詞の現在分詞 boende（← bo〈住む，住んでいる〉）を参照． børn：barn (-et, børn)〈子供〉．

Det består hjælpen af

Døgnpleje er praktisk bistand, omsorg og sygepleje.
Hvad din hjælp består af, kan du læse i „Aftale om Praktisk Bistand", som Helsingør Kommune indgår med dig, når du får bevilget hjælp i hjemmet. I de næste afsnit er det beskrevet, hvilken service Helsingør Kommune kan give inden for praktisk bistand, omsorg og sygepleje. Vær

---

1) **Det består hjælpen af** 〈そのことから援助は成り立っている / 構成されている〉. det：前置詞afの目的語であり，モノ・コトを指す3人称単数の人称代名詞で，〈そのこと〉すなわち〈以下に述べることがら〉を指す. 文の主語はhjælpen〈援助（と）は〉. består af 〜〈〜からなっている / 構成されている〉：be・stå (-står, -stod, -stået). 2) **Døgnpleje ... sygepleje**：døgnpleje, bistand, omsorg, sygeplejeはすべて共性名詞の単数形. **praktisk bistand** 〈実際的な援助〉：すなわち〈家事援助〉. **sygepleje** (-n) 〈医療ケア〉：「病人をケアすること」. syge〈病人〉（← 形容詞 syg〈病気の〉）とpleje (-n)〈ケア，看護，世話〉との合成名詞. 3) **Hvad din hjælp består af** 〈あなたの援助が何から成り立っているか / 構成されているかということ〉：間接疑問文で後続の (kan du) læseの目的語. hvad：疑問代名詞, består afの目的語. din hjælp〈あなたの援助〉とは，〈あなたが受ける援助〉の意. **... kan du læse i 〜** 〈あなたは…を〜（の中）で読むことができる〉. kan: kunne (kan, kunne, kunnet) は「可能」を表す. læse{II} (læste, læst)〈読む〉. i〈中で/に〉：前置詞. **"Aftale om 〜"**〈「〜に関する合意（書）」〉：ヘルスィングエーア・コムーネとコムーネの提供する24時間ケアサービスの利用者が合意した事項を記した "契約書" のタイトル（名称）. aftale (-n, -r)〈合意，約束〉. om 〜 〈〜に関する・かかわる・ついて〉：前置詞. "Aftale om 〜" 全体が後続の関係節 som Helsingør ... hjemmetの先行詞. 4) **som ... med dig** 〈ヘルスィングエーア・コムーネがあなたと行なうところの（合意）〉：関係節. indgår：ind・gå (-gik, -gået). indgå en aftale (/en overenskomst/...)〈合意を行なう (/協定/…を結ぶ)〉. indgårの目的語は関係代名詞som (somの先行詞は "Aftale om 〜"). med dig〈あなたと（ともに）〉. **når ... hjemmet** 〈あなたが自宅における援助を認下してもらうときに〉：関係節 som Helsingør ... の一部をなす「時」の従位節. når〈〜

— 10 —

援助の内訳

24時間ケアとは家事援助，世話，医療ケアのことである．

あなたが受ける援助の内訳については，あなたがご自宅での援助を認められるときにヘルスィングエーア・コムーネとあなたが行なう「家事援助に関する合意」に記載されています．以下では，どのようなサービスをヘルスィングエーア・コムーネが家事援助，世話，医療ケアの枠内で提供できるかについて説

する（/した）ときに〉：従位接続詞．får：få (fik, fået)：助動詞（本動詞としての意味は〈得る，もらう〉）．bevilget：bevilge¹ (bevilgede, bevilget)〈承認・認可する〉．få＋過去分詞〈～してもらう〉：få bevilget ～〈～を認可してもらう〉．5) **I de næste afsnit**〈次の（複数の）段落では〉．de：定冠詞（複数：名詞 afsnit が複数形であるため）．næste〈次の〉：不変化形容詞．afsnit (-tet, -)〈段落，節〉：ここでは複数形（先行の定冠詞 de からわかる）．**er det beskrevet, hvilken ...**〈(hvilken …ということが) 記述されている〉：文頭に I de næste afsnit という主語以外の要素が置かれたために，主語と定形動詞が倒置されている．det は hvilken 以下を指す仮主語．beskrevet：be・skrive (-skrev, -skrevet)〈記述する〉．er beskrevet〈記述されている〉．6) **hvilken service ... sygepleje**：間接疑問文（従位節）．文の真主語．hvilken service：(kan) give の目的語．hvilken は疑問代名詞（単数共性形：共性名詞の単数形 service に呼応しているため）．inden for ～〈～の内側で・範囲内で〉：inden は副詞，for は前置詞であるが，inden for 全体で1つの前置詞をなす(複合前置詞)．7) **Vær opmærksom på, at det ... serviceydelser**〈それ（そのこと）は，全員の利用者がすべてのサービスを受けるということと同義（同じ意味）ではないということに注意（注目）しなさい〉．vær：være (er, var, været) の命令形．opmærksom〈注意深い，注意を払っている〉：形容詞の未知形単数共性形（形容詞が主語の補語であり，主語〈あなたは〉が共性単数である（と考えられている）から）．være opmærksom på ～〈～に注意を払っている〉．det〈それ，そのこと〉とは，先行の文 I de næste afsnit ... sygepleje を指す．すなわち，「次の諸段落で，ヘルスィングエーア・コムーネが提供する様々なサービスについて述べるが，だからと言って，その諸サービスを全員が受けられるとはかぎらない」ということを強調している．

opmærksom på, at det ikke er ensbetydende med, at alle brugere får alle serviceydelser.

Praktisk Bistand

Praktisk bistand er rengøring, indkøb og tøjvask.

Rengøring

Hjælperen støvsuger, vasker gulve og tørrer støv af i soveværelse, entré og opholdsstue. I køkken vasker hjælperen gulve, giver køkkenborde, vaske og hårde

---

1) **ikke**：否定辞ikkeは従位節（at-節）中では主語の直後，定形動詞の直前に置かれる． **er ensbetydende med** ～ 〈～と同じ意味である／同義である〉． ensbetydende：不変化形容詞． medの目的語は後続のat-節． **alle brugere**〈利用者全員〉． alle：al (alt, alle)〈すべての〉：不定代名詞の複数形． brugere：複数未知形（ちなみに，複数既知形はbrugerne．つまり，複数既知形では複数未知形の末尾の -e が脱落している．これは，国籍，職業，行為者（機械類も含む）などを表す -er に終わる名詞に当てはまる． 2) **serviceydelser**〈奉仕，サービス〉． sevice (-n) とydelse (-n, -r)〈奉仕，サービス〉との合成名詞． 4) **rengøring** (-en, -er)〈掃除〉． **indkøb** (-et, -)〈買物（をすること），購入〉：rengøring と tøjvaskの形から判断すると，indkøbは単数形． købe ind〈買物をする〉を参照． **tøjvask** (-en)〈衣類の洗濯〉：tøj (-et)〈衣類，服，着る物〉と vask (-en)〈洗濯（をすること）〉との合成名詞． vaske tøj〈衣類を洗う，洗濯する〉：vaske[I] (vaskede, vasket)〈洗う〉を参照． 6) **hjælperen**：単数既知形． hjælper (-en, -e)〈ヘルパー〉：ここでは hjemmehjælper (-en, -e)〈ホームヘルパー〉のこと． **støvsuger**：støv·suge[I] (-sugede, -suget)〈掃除機をかける〉． støv (-et)〈ほこり〉と suge[I] (sugede, suget)〈吸う〉との合成動詞：støvsuger (-en, er)〈掃除機〉を参照． **gulve**：複数未知形． gulv (-et, -e)〈床〉． **tørrer støv af**〈ほこりを拭きとる〉：動詞 tørre[I] (tørrede, tørret)〈乾かす〉と副詞afとの合成動詞，したがって，強勢は tørre にはなく，af にある． **i soveværelse, entré og**

— 12 —

明されています．ただし，利用者全員がすべてのサービスを受けるという意味ではありませんので，ご注意ください．

家事援助

　家事援助とは，掃除，買い物，衣類の洗濯のことです．

掃除

　ヘルパーは掃除機をかけ，床を磨き，寝室，玄関，居間の拭き掃除をします．台所では，ヘルパーは床を磨き，調理台，流し（台），それに冷蔵庫や大型の調理用電気製品を簡単に掃除し

---

opholdsstue〈寝室，玄関，居間で〉：前置詞iの目的語はsoveværelse, entré og opholdsstue．soveværelse (-t, -r)：動詞sove (sov, sovet)〈寝る，眠る〉と名詞værelse (-t, -r)〈部屋〉との合成名詞．entréはフランス語起源の外来語であり，発音に注意［アントレ］．opholdsstue (-n, -r)〈居間〉：ophold (-et, -)〈滞在〉と stue (-n, -r)〈（多数の人が集う）部屋，居間〉との合成名詞．　7) **I køkken**〈キッチンで〉：køkken (-et, -er)．　8) **giver ～ en lettere rengøring**〈～に比較的簡単な掃除を施す／～を軽く掃除する〉．lettere：形容詞の比較級の絶対的用法で〈比較的～な〉の意．let (lettere, lettest)〈軽い，容易な〉．**køkkenborde**：複数未知形．køkkenbord (-et, -e)〈調理台〉．køkken (-et, -er)〈台所，キッチン〉とbord (-et, -e)〈テーブル，机〉との合成名詞．**vaske**：複数未知形．vask (-en, -e)〈流し（台），シンク〉．**hårde hvidevarer**：形容詞の未知形複数形と名詞の複数未知形：〈白もの家電，大型家庭電化製品〉，ここでは，"冷蔵庫,冷凍庫,電気オーブン,電子レンジ,食器洗い機など"を指す．hård hvidevare〈大型家庭電化製品（ガス器具も含まれる）〉：文字通りには"硬い白い品物"という意味．hvidevareは一般には〈シーツ類（などの白い物）〉の意味であるが，これらが"柔らかい"のに対して"硬い白いもの"という呼び方で"大型家庭電化製品"（冷蔵庫,冷凍庫,洗濯機など）を表している．ちなみに，デンマークでは大型家庭電化製品はどれも白一色に統一されている．

hvidevarer en lettere rengøring. Desuden gør hjælperen badeværelset rent. Derudover vander hjælperen blomster, rydder op, lufter ud, vasker hjælpemidler af og ryster måtter. Rengøring vil oftest blive udført hver 14. dag - som regel
5 om eftermiddagen.

Rengøringen omfatter ikke: Vinduespudsning, hovedrengøring, aftørring af paneler, afkalkning af

---

1) **desuden** 〈その上, さらに〉: 副詞. **gør badeværelset rent** 〈バスルームの掃除をする〉. gøre ~ rent 〈～の掃除をする〉: gøre (gør, gjorde, gjort) 〈～する〉. badeværelset: 単数既知形. badeværelse (-t, -r)〈風呂場, バスルーム〉: 動詞 bade¹ (badede, badet) 〈水浴をする; 風呂にはいる〉と名詞værelse (-t, -r)〈部屋〉との合成名詞. 2) **derudover** 〈さらに, その上, おまけに〉: 副詞. **vander**: vande¹ (vandede, vandet) 〈(花に) 水をやる〉. **blomster**: 複数未知形. blomst (-en, -r) 〈花;(観葉) 植物〉. 3) rydder op 〈片付ける〉: 動詞 rydde¹ (ryddede, ryddet) と副詞opからなる複合動詞. **lufter ud**〈空気を入れ換える〉: 動詞lufte¹ (luftede, luftet) と副詞udとからなる複合動詞. **vasker ~ af**〈～を水拭き・水洗いする〉: 動詞 vaske¹ (vaskede, vasket) と副詞 afとからなる複合動詞. **hjælpemidler**: 複数未知形: hjælpemid|del (-(de)let, -ler)〈補助器具〉. hjælpe (hjalp, hjulpet)〈助ける, 手伝う〉と mid|del (-(de)let, -ler)〈道具; 手段〉との合成名詞. **ryster**: ryste¹ (rystede, rystet)〈振る, ゆする〉. **måtter**: 複数未知形. måtte (-n, -r)〈マット〉. 4) **vil blive udført**〈行なわれるでしょう〉. vil: 法助動詞 ville (vil, ville, villet), ここでは「単純未来」を表す. blive + 過去分詞: 受動構文 (blive-受動形). 法助動詞villeが「単純未来」を表す場合に, これとともに用いられる受動態不定詞はblive-受動形であるが, 法助動詞villeが「願望」や「意思」を表す場合にはs-受動形が用いられる (例. Han vil blive hentet i dag. 〈彼は今日は迎えが来るでしょう/来ます.〉Han vil hentes i dag.〈彼は今日は迎えに来てほしいと言っています. 〉blive (blev, blevet): 受動態の助動詞. 本動詞 blive の意味は〈～になる〉. udført: ud·føre (-førte, -ført)〈行なう, 遂行する〉. **oftest**〈たいていは, ふつう〉: 副詞. **hver**

ます．さらに，ヘルパーはバスルームを掃除します．その上ヘルパーは花に水をやり，片付けをし，空気の入れ換えをし，補助器具を洗い，マットの汚れを振るい落とします．

掃除はふつう2週間に1回 － たいてい午後に － 行なわれます．

掃除には以下のものは含まれません：窓拭き，大掃除，羽目板の拭き掃除，バスルームとコーヒーメーカーの石灰分の除去，

---

14. [＝fjortende] **dag**〈14日毎に，2週間毎に〉．hver〈それぞれ(の)〉：不定代名詞（単数共性形：単数中性形はhvert）．hver(t) ＋ 序数 (N) ＋ 名詞〈N毎に，(N－1)おきに〉：例．hver anden dag〈2日毎に，1日おきに〉．dag (-en, -e)〈日〉．**som regel**〈ふつうは，一般に〉．som〈～として〉：接続詞．reglel (-(e)len, -ler)〈規則〉．5) **om eftermiddagen**〈午後に〉．前置詞om＋（「時間」を表す）名詞の単数既知形〈～（間）に〉：例，om morgenen/dagen/aftenen/natten〈朝／昼間［1日］／夕方・晩／夜・夜中に〉．eftermiddagen：eftermiddag (-en, -e)〈午後〉．6) **Rengøringen omfatter ikke** ～ 〈掃除は～を含まない〉：omfatte[I] (omfattede, omfattet)〈含む〉．**vinduespudsning**〈窓拭き〉：vindue (-t, -r)〈窓〉とpudsning (-en, -er)〈（窓・ガラスなどを）磨く・拭くこと〉との合成名詞．pudse[I] (pudsede, pudset)〈（窓・ガラスなどを）磨く・拭く〉を参照．7) **hovedrengøring**〈大掃除〉：hoved-〈主な，メインの，中心の，中央の〉を意味する接頭辞．hoved (-et, -er)〈頭，顔〉を参照．**aftørring** (-en, -er)〈拭くこと，拭いて汚れを取ること〉：af・tørre[I] (tørrede, tørret) ～, tørre[I] ～ af〈～を拭いて汚れを取る〉を参照．**af** ～〈～の〉：前置詞．**paneler**：複数未知形．panel (-et, -er)〈羽目板，パネル〉．**afkalkning** (-en, -er)〈石灰分を除去すること〉：af・kalke[I] (-kalkede, -kalket) ～〈～の石灰分を除去する〉；kalk (-en)〈石灰；白亜；カルシウム〉を参照．デンマークの水道水は硬水であり，カルシウム分（石灰分）を多量に含んでいるため，数週間でやかんやコーヒーメーカーなどの内部が石灰の層に覆われたり，数ヶ月で洗濯機の内部やシャワールームの壁に石灰の薄い層ができたりするので，この石灰分を取り除いてやらねばならない．

badeværelse og kaffemaskine, afvaskning af køkkenskabe, ekstrarengøring efter gæster eller på grund af dyr i hjemmet, pudsning af kobber og sølvtøj, gardinvask og trappevask i fællesopgang.

5 Indkøb

Er du ikke selv i stand til at købe ind, kan hjælperen ringe efter dagligvarer eller købe ind for dig. Hvis du ikke selv

---

1) **badeværelse** (-t, -r)〈バスルーム〉. **kaffemaskine**〈コーヒーメーカー〉：kaffe (-n, -r)〈コーヒー〉と maskine (-n, -r)〈機械, 器械〉との合成名詞. **afvaskning** (-en, -er)〈水拭き・水洗いすること〉：af·vaske¹ (-vaskede, -vasket) 〜, vaske 〜 af〈〜を水拭き・水洗いする〉を参照. **køkkenskabe**〈台所戸棚〉：複数未知形. køk¦ken (-(ke)net,-(ke)ner)〈台所, キッチン〉と skab (-et, -e)〈戸棚〉との合成名詞. 2) **ekstrarengøring** (-en, -er)〈余分の掃除〉：形容詞 ekstra（不変化）〈余分の, 臨時の, 特別な〉と名詞 rengøring との合成名詞. **efter gæster**〈お客の後の〉, すなわち〈お客さんがあった後の〉：先行の ekstrarengøring を修飾. **eller**〈あるいは〉：等位接続詞. **på grund af dyr i hjemmet**〈自宅（家）にいる動物が原因で〉：先行の ekstrarengøring を修飾. på grund af 〜〈〜が原因で；〜の理由で〉. dyr (-et, -)〈動物〉：複数未知形. 3) **pudsning af kobber og sølvtøj**〈銅製品と銀製品の磨き〉：pudsning (-en, -er)〈（銀製品やガラスなどを）磨くこと〉. kobber (-et)〈銅；銅器, 銅製品〉. sølvtøj (-et)〈銀器, 食卓用銀製品〉：sølv (-et)〈銀〉と –tøj [〈うつわ；道具など〉を意味する合成語の第二要素：例. fodtøj〈履物〉← fod〈足〉+ - tøj, køretøj〈乗り物〉← køre〈乗り物で行く〉+ - tøj] との合成語. **gardinvask** (-en)〈カーテンの洗濯〉. gardin (-et, -er)〈カーテン〉と vask (-en)〈洗濯（すること)〉との合成名詞. 4) **trappevask i fællesopgang**〈共同階段における階段の水洗い・水拭き〉. trappevask (-en)：trappe (-n, -er)〈(1 段 1 段の)階段, (踊り場から踊り場までの段の連続, あるいはその連続のつらなりとしての) 階段〉と vask (-en)〈水で (洗い) 拭くこと〉との合成名詞. fællesopgang (-en, -e)〈共同階段〉：形容詞 fælles (不変化)〈共同

— 16 —

台所戸棚の水拭き,お客の後の特別の掃除,あるいは,家に動物がいるために必要となる特別の掃除,銅・銀製品を磨くこと,カーテンの洗濯,共同階段の水拭き.

買い物

　もしあなたがご自分で買い物をなさることができない場合には,ヘルパーが代わりに日常品を届けるよう電話するか,ある

の,共通の〉と opgang (-en, -e)〈("東階段","西階段" などといったような,集合住宅にある空間としての)階段〉との合成名詞. 6) **Er du ... købe ind**:疑問文のような倒置語順で始まっているが,これは「仮定」や「条件」を表す条件節で"倒置条件節"と呼ばれる.その意味するところは Hvis du ikke selv er i stand til at købe ind のように接続詞 hvis で始まる条件節(従位節)と同じであるが,倒置条件節は書き言葉的性格が強い.倒置条件節 Er du ...købe ind 全体が従位節として機能し,副詞的語句として文頭に置かれているので kan hjælperen というように主語と定形動詞が倒置されている. selv〈自分(自身)で〉:代名詞. være i stand til at ～〈～することができる・能力がある〉. købe ind〈買物をする〉:købe^{II} (købte, købt). **ringe efter** ～〈電話をして～(人)に来てもらう/～(もの)を持ってきてもらう・届けてもらう〉. ringe^{I} (ringede, ringet)〈電話をする〉. efter ～〈～を求めて〉:前置詞. 7) **dagligvarer**:複数未知形. dagligvare (-n, -r)〈日常品〉:形容詞 daglig〈日常の,毎日の〉と vare (-n, -r)〈品物〉との合成名詞. **eller**〈あるいは〉:等位接続詞. **købe ind**:先行の kan (hjælperen) に続く. **for dig**〈あなたの代わりに〉:先行の ringe efter dagligvarer と købe ind を修飾. **Hvis du ... på plads**〈もし…ならば〉:条件節(従位節).副詞的語句として文頭に置かれているため,kan (du få ...) のように文の主語と定形動詞が倒置されている. sætte ～ på plads〈～を所定の場所に置く・片付ける〉:sætte (satte, sat)〈置く,すわらせる〉. på ～〈～(の上)に・で〉:前置詞. plads (-en, -er)〈場所,席〉. varerne:vare (-n, -r)〈品物〉の複数既知形.

kan sætte varerne på plads, kan du få hjælp til dette.
Hjælperen kan købe ind én gang om ugen for dig. Varerne
skal kunne transporteres forsvarligt på cykel. Indkøb skal
ske i den nærmeste forretning.

5 **Tøjvask**
Hjælperen vasker tøj i din vaskemaskine eller i
ejendommens fællesvaskeri, oftest hver 14. dag. Hjælperen

---

1) **få hjælp til** 〜 (**/at** 〜)〈〜(をするの)に対して援助を得る, 〜(をするの)を援助してもらう, 〜(をするの)を手伝ってもらう〉：få (fik, fået)〈得る, もらう〉. hjælp (-en)〈援助〉. **dette**〈これ, このこと〉：指示代名詞. 先行の (at) sætte varerne på pladsを指す. 2) **kan købe ind ...** のkanは「可能性」を表す. kunne (kan, kunne, kunnet). **én gang om ugen**〈週に1度〉：énは数詞で, eの上のアクセント記号はeに強勢があることを示す. gang (-en, -e)〈回, 度〉. om ugen〈週に, 1週間に〉：uge (-n, -r). **Varerne ... på cykel.**〈それらの品物は自転車で安全に運搬されることができなくてはならない/運搬されえねばならない.〉varerneは「ヘルパーが週1回あなたの代わりに買い物に行く場合に買う対象となる品物」ということから, 複数既知形. skal：「要求・必要」を表す. skulle (skal, skulle, skullet). kunne：「可能性」を表す. transporteres〈運搬される(こと), 運ばれる(こと)〉：s-受動形の不定詞. trans·portere^I (-porterede, -porteret)〈運搬する, 運ぶ〉：ラテン語に由来する動詞の不定詞の語尾 -ereに終わる動詞は例外なく常にrの前のeに強勢がある. forsvarligt〈安全に(責任が持てるように)〉：形容詞の副詞的用法で, 語尾 -tを付加した, 形容詞の未知形単数中性形と同形. 動詞transportereを修飾し, 「様態」を表す. på cykel〈自転車で, 自転車に乗って〉：cyk|el (-(e)len, -ler)〈自転車〉. 3) **skal ske**：skalは「要求・必要」を表す. ske^{II} (skete, sket)〈行なわれる；起こる〉. 4)

いは買い物に行くことが可能です．もしあなた自身が品物を所定の場所に片付けることができない場合には，それに対して援助が得られます．ヘルパーはあなたの代わりに週1回買い物に行くことができます．[その場合]品物は，自転車で安全に運べるものでなくてはなりません．買い物は最寄りの商店で行なわれなくてはなりません．

衣類の洗濯

ヘルパーは衣類をおたくの洗濯機，あるいは集合住宅の共同の洗濯場で，ふつう2週間に1回の割合で，洗濯します．ヘル

---

i den nærmeste forretning 〈一番近い・最寄りの商店で〉: den は共性名詞の単数形 forretning を限定する定冠詞 (単数共性形). nærmeste: nær (nærmere, nærmest) 〈近い〉の最上級. 定冠詞 den の後で，既知形. forretning (-en, -er) 〈商店，店〉.   5) **tøjvask** (-en) 〈衣類の洗濯〉.   6) **i din vaskemaskine** 〈あなたの洗濯機 (の中) で〉.   din: 所有代名詞 din (dit, dine) の単数共性形 (vaskemaskine に呼応しているため). vaskemaskine (-n, -r) 〈洗濯機〉: vaske^I (vaskede, vasket) 〈洗う，洗濯する〉と maskine (-n, -r) 〈機械，器械〉との合成名詞.   **i ejendommens fællesvaskeri** 〈マンション (の建物) の共同洗濯場で〉.   ejendommens: 共性名詞の単数既知形所有格.   ejendom (-men, -me) 〈建物，マンションなどの1棟〉.   fællesvaskeri (-et, -er): 形容詞 fælles (不変化) と vaskeri (-et, -er) 〈洗い場，洗濯場〉との合成名詞.   vaskeri の -eri のように，他の名詞や動詞に接尾辞 -eri を付して作られた派生語では常に -eri の i に強勢がある: 例，tyveri (-et, -er) 〈盗み，窃盗〉(名詞 tyv (-en, -e) 〈泥棒〉から)，bageri (-et, -er) 〈パン焼き工場；パン屋の店舗〉(動詞 bage^{II} (bagte, bagt) 〈(パンなどを) 焼く〉から)，skriveri (-et, -er) 〈[揶揄して] (あれこれと) 書くこと〉(動詞 skrive (skrev, skrevet) 〈書く〉から). 7) **oftest** 〈たいてい，ふつう〉: 副詞.   **hver 14.** [= fjortende] **dag** 〈14日毎に，2週間毎に〉.

klatvasker også og hænger tøjet til tørre, lægger det
sammen, lægger det på plads og skifter sengetøj.
Døgnplejen kan ikke tilbyde at gå på møntvaskeri for dig,
stryge eller rulle dit tøj.

5 Bank

Hjælperen kan undtagelsesvis hæve penge for dig. Husk:

---

1) **klatvasker**：klat・vaske^I (-vaskede, -vasket)〈(ふつう手洗いで洗濯の)
少量洗いをする〉. klat (-ten, -ter)〈少量〉とvaskeとの合成動詞. **også**
〈〜も, また〉:副詞. **hænger tøjet til tørre**〈洗濯物を干す〉. hænge
〜 til tørre〈〜を干す〉:hænge^{II} (hængte, hængt)〈ぶらさげる, 吊す〉.
til tørre〈乾かすために〉: tørre (-n)〈乾かすこと〉. tøjet：単数既知形.
tøj (-et)〈衣類, 服；洗濯物〉: ここではvasketøj (-et)〈洗濯物〉のこと.
lægger det sammen〈それをたたむ〉. lægge 〜 sammen〈〜をたた
む〉: lægge (lagde, lagt)〈置く, 横たえる〉. det〈それ〉はtøjetを指す.
2) **lægger det på plads**〈それを所定の場所に置く / 片付ける〉: detは
tøjetを指す. plads (-en, -er)〈(所定の)場所〉を参照. **skifter sengetøj**
〈布団カバー, 枕カバー, シーツを取り替える・交換する〉. skifte^I
(skiftede, skiftet)〈取り替える, 交換する〉. sengetøj (-et)〈布団カバー,
枕カバー, シーツをひとまとめにしたシーツ (カバー) 類〉: seng (-en,
-e)〈ベッド〉とtøj (-et)〈布〉との合成名詞. 3) **tilbyde at 〜**〈〜する
ことを提供する・申し出る〉: til・byde (-bød, -budt)〈提供する, 申し出
る〉. **gå på møntvaskeri**〈コインランドリーに行く〉. gå (gik, gået)
〈行く；歩く〉. møntvaskeri (-et, -er)：mønt (-en, -er)〈コイン, 硬貨〉と
vaskeri (-et, -er)〈洗濯場, ランドリー〉との合成名詞. på vaskeri〈洗
濯場(ランドリー)で / に〉のように場所 / 施設を表す名詞について, そ

パーは,また少量の洗濯も手洗いでしますし,洗濯物を干し,た
たみ,所定の場所に片付け,シーツ類の取り替えもします.24
時間ケアはあなたに代わりコインランドリーに行ったり,衣類
のアイロン掛けやローラー掛けを提供することはできません.

銀行

　ヘルパーは,例外的に,あなたに代わり,お金をおろすこと

の空間としての場所そのものに視点が向けられる場合には前置詞iが用
いられ(例, i værelset 〈(単に空間としての)部屋の中で/に〉, i
ejendommens fællesvaskeri〈集合住宅の共同の洗濯場で/に〉(本書,18
頁6行)),一方,その空間としての場所そのものよりも,その場所/施
設で行なわれる活動に視点が向けられる場合には,前置詞påが用いられ
る(例, på værelset〈(寝起きするための場所としての)部屋で/に〉,
på vaskeri〈ランドリーで/に〉)傾向がある,と言われている. **for dig**
〈あなたの代わりに〉. 4) **stryge** (strøg, strøget)〈(服に)アイロンを掛
ける;なでる〉. **rulle**[1] (rullede, rullet)〈(服を)ローラーに掛ける〉. **dit
tøj**〈あなたの衣類,洗濯物〉:先行のstrygeとrulleとの目的語. dit:所
有代名詞din (dit, dine)の単数中性形(tøj (-et)に呼応しているため). 5)
Bank:bank (-en, -er)〈銀行〉. 6) **undtagelsesvis**〈例外的に〉:副詞.
undtagelsesvis形容詞〈例外的な〉,副詞〈例外的に〉:名詞undtagelse
(-n, -r)〈例外〉に形容詞・副詞を派生させる接尾辞-visが付加された派
生語. **hæve penge**〈(金融機関で)お金をおろす〉:hæve[1] (hævede,
hævet). penge(複数形のみ)〈お金〉:デンマーク語では「お金」は複
数扱いである点に注意. **Husk**:〈(コロン(:)以下に記した事柄を)
覚えておきなさい!〉:命令形. huske[1] (huskede, husket).

Hjælperen må aldrig hæve mere end 1500 kr. på én gang.
Vi beder dig bruge BS (BetalingsService) eller lignende til
dine regninger. Helsingør Kommunes pensionistvejledere
kan hjælpe dig med en ordning vedrørende økonomiske
⁵ spørgsmål.

---

1) **må aldrig** ... 〈決して…してはならない〉：måtte (må, måtte, måttet)
＋否定辞は「禁止」を表す．　**mere end** ～〈～を越えて，～よりも多
く〉．　mere：形容詞meget〈たくさんの〉の比較級；最上級はmest．　end
～〈～よりも〉：「比較」を表す接続詞．　**1500 kr.** (= et tusind
femhundrede kroner, あるいは femten hundrede kroner)〈1500クロー
ネ〉．kr.：krone(r) の略；ここでは，kronerの略．krone (-n, -r)〈クロ
ーネ〉はデンマークの貨幣単位で，1 krone=100 øre〈〈貨幣単位/金額〉
エーア［世間一般では，例えば多数の旅行ガイドブックでは，"オーレ"
とされているが，これではデンマーク語の発音からはかなり遠いカナ表
記となっている]〉：øre (-n, -)．1クローネは，2002年6月現在では，
16円前後である．デンマーク・クローネは国際的にはDDKと略される．
på én gang〈一度に〉：前置詞句 / 副詞的語句．én 〈1〉：数詞．en が
数詞の場合にはénのようにeの上にアクセント記号を付して示すことが
多いが，そうでない場合，すなわちenとのみ記される場合もある．　gang
(-en, -e)〈回，度〉．　2) **Vi beder dig bruge A til B**〈私たちはあなたに
AをB（の目的）に使うよう頼む〉．vi：人称代名詞（1人称複数）の主
格．　bede ＋人＋動詞の不定詞〈ひとに～するよう頼む〉：bede (bad,
bedt)．　dig：人称代名詞（2人称単数）の目的格．　brugeⅡ (brugte, brugt)
〈使う，用いる，利用する〉．　**BS (BetalingsService)**〈〈金融機関の〉支
払サービス〉：betaling (-en, -er)〈支払〉と service (-n, -r)〈サービス〉と
の合成名詞．デンマークでは，各種の支払請求書が郵便でふつう送られ
てくるが，その請求書（ふつう girokort〈郵便振替用紙〉）を，自分が契
約している金融機関の BS (BetalingsService) 用の封筒（切手貼付不要）
に入れて，その金融機関に送ると，金融機関が支払いの手続きをしてく
れる．これを，BS (BetalingsService)〈〈金融機関の〉支払サービス〉と

ができます．以下のことを覚えておいてください：ヘルパーは決して，一度に1,500クローネを越えておろしてはなりません．請求書の支払には金融機関の支払サービス等をご利用くださるようお願いします．ヘルスィングエーア・コムーネの年金受給者指導員が，経済的質問にかかわる取り決めを整えるお手伝いをします．

いう．**eller lignende**〈など，等〉：lignendeは動詞ligne¹ (lignede, lignet)〈似ている〉の現在分詞lignendeから派生した形容詞の名詞的用法で〈似ているもの，類似のもの〉の意．すなわち，eller lignende〈あるいは類似のもの〉→〈など〉．**til dine regninger**〈あなたの勘定書（請求書）（の支払の目的のため）に〉．dine〈あなたの〉：所有代名詞din (dit, dine)の複数形；後続のregningerに呼応．regninger：複数未知形；regning (-en, -er)〈勘定書，請求書〉．3) **pensionistvejledere**：複数未知形；pensionistvejleder (-en, -e)〈年金受給者指導員〉；pensionist (-en, -er)〈年金受給者〉とvejleder (-en, -e)〈指導者・員，アドバイザー〉との合成名詞．現在，デンマークの年金には18-66歳で受給可能なførtidspension (-en, -er)〈早期年金〉と67歳から支給されるfolkepension (-en, -er)〈国民年金〉とがある．なお，pension, pensionistは発音に注意：[パンショーン]（[ショー]に第一強勢），[パンショニストゥ]（[ニ]に第一強勢）となる．4) **kan**：kunne (kan, kunne, kunnet)；「可能性」を表す．**hjælpe dig med en ordning ...**〈あなたの ... という取り決めを（整えることを）であなたを手伝う〉：hjælpe (hjalp, hjulpet)〈手伝う，助ける〉．hjælpe A med B〈AのBを手伝う，AがBをするのを手伝う〉．dig〈あなたを〉：2人称の人称代名詞duの目的格．ordning (-en,-er)〈取り決め〉．**vedrørende økonomiske spørgsmål**〈経済的質問に関わる〉：vedrørende ～〈～に関わる，関する〉：前置詞；動詞ved・røre² (-rørte, -rørt)〈関わる，関する〉を参照．økonomiske：形容詞økonomisk〈経済的な，経済に関する〉の未知形複数形；後続のspørgsmålに呼応．spørgsmål：spørgsmål (-et, -)〈質問，問題〉の複数未知形．en ordning vedrørende økonomiske spørgsmål〈経済的問題に関わる取り決め〉とは，具体的には，BS (BetalingsService)〈（金融機関の）支払サービス〉などを指す．

Omsorg og sygepleje

Personlig pleje, sygepleje, tryghedsbesøg og hjælp til at varme udbragt mad eller tilberede kold mad ydes på de tidspunkter af døgnet, hvor du har brug for det. Personlig
5 pleje og sygepleje kommer altid forud for andre opgaver. Det kan betyde, at andre opgaver som rengøring kan risikere at måtte flyttes.

---

1) **omsorg** (-en)〈面倒，世話〉. **sygepleje** (-n)〈医療ケア〉. 2) **personlig pleje** 〈パーソナルケア，身体の介護〉：単数形. personlig：形容詞 personlig〈個人的な〉の未知形単数共性形；後続のplejeに呼応. pleje (-n)〈ケア，看護，世話〉. パーソナルケアは，衣服の脱着介助，入浴介助，起床・就寝介助などを指す. **tryghedsbesøg**：複数未知形. tryghedsbesøg (-et, -)〈安らぎ訪問〉はtryghed (-en)〈安らぎ，安心〉とbesøg (-et, -)〈訪問〉との合成名詞. **hjælp til at ~** 〈~をする援助，手伝い〉. hjælp (-en) は単数形. at-不定詞は後続のvarme ... eller tilberede .... 3) **varme**：不定詞；varme^I (varmede, varmet)〈温める〉. **udbragt mad**〈配達された食事〉：単数形. udbragt：未知形単数形；動詞ud・bringe (-bragte, -bragt)〈配達する〉あるいはbringe ~ ud〈~を配達する〉の過去分詞で，後続のmad (-en)〈食事〉(共性名詞の単数形)に呼応. **eller**〈あるいは〉：等位接続詞. **tilberede**：不定詞；til・berede^{II} (-beredte, -beredt)〈(食事の)用意をする，調理する〉. **kold mad**〈冷たい食事〉：パンとハム，ソーセージ，チーズ等だけの熱を加えない食事のことで，デンマークではrugbrød (-et)〈ライ麦パン，黒パン〉やfranskbrød (-et)〈白パン〉に具を載せたオープンサンドイッチが一般的. koldはmad (-en)〈食事〉に呼応して，未知形単数共性形. **ydes**〈与えられる〉：s-受動形の現在形. s-受動形には不定詞形，現在形，過去形の3形しかない：ydes, ydes, ydedes. **på de tidspunkter af døgnet, hvor ...**〈1日24時間のうちの，hvor以下のような時点で〉. **på**：概して英語のonに

世話と医療ケア

　パーソナルケア，医療ケア，安らぎ訪問，そして，配達された食事を温める，あるいは，サンドイッチ等を用意するお手伝いは，1日24時間のうちであなたがそれを必要とされる時間に提供されます．パーソナルケアと医療ケアが常に他の課題よりも優先します．つまり，例えば，掃除のような他の課題は別の機会に移される恐れがありえるということです．

相当する前置詞；ここでは「時点」を表している． af døgnet 〈1日24時間のうちの〉：de tidspunkterを修飾． døgnet：単数既知形；døgn (-et, -) 〈1日24時間〉． de tidspunkter ..., hvor ... ：指示代名詞deは，先行詞の名詞tidspunkterが後続の制限的関係節hvor ... によって限定され，説明されていることを示している． tidspunkter：複数形；tidspunkt (-et, -er) 〈時点〉はtid (-en, -er) 〈時間〉とpunkt (-et, -er) 〈点〉との合成名詞．　4) **hvor du har brug for det** 〈あなたがそれを必要としているところの(時点)〉． hvor：関係副詞；先行詞はde tidspunkter． have brug for ～ 〈～を必要としている〉． detは先行のydesの主語であるpersonlig pleje, tryghedsbesøg, hjælp til at ... のこと．　5) altid 〈いつも〉：副詞. **kommer forud for** ～ 〈～より優先する〉：文字通りだと〈～よりも前方に来る〉という意味 (← forud 〈前方に〉：副詞)．　**andre opgaver** 〈他の課題/仕事〉． andre：複数形 (← anden (andet, andre) 〈ほかの，別の〉)；後続のopgaverに呼応． opgaver：複数未知形；opgave (-n, -r) 〈課題，仕事〉．　6) **Det kan betyde, at ...** 〈それはat以下のことを意味する〉 → 〈すなわち〉．　**andre opgaver som rengøring** 〈掃除のような他の課題〉． som 〈～のような〉：接続詞．　**kan risikere at ...** 〈...の危険性がありえる〉：risikere¹ (risikerede, risikeret) 〈～の危険がある〉．　7) **måtte flyttes** 〈移動されねばならない〉． måtte：不定詞；måtte (må, måtte, måttet) は「必要性」を表す．flyttes：s-受動形の不定詞；flytte¹ (flyttede, flyttet) 〈移動する，動かす〉．

Personlig pleje og sygepleje

Personlig pleje og sygepleje er fx sengebad, brusebad, sårpleje, hudpleje, hårpleje, barbering, af- og påklædning, kateter- og stomipleje, hjælp til toiletbesøg, mund- og tandpleje, hjælp til medicin og hjælp til at deltage i aktivitetstilbud.

---

2) **fx**〈例えば〉: for eksempelの略. for eksempelの略としてはf.eks. もある. **sengebad**〈ベッドに寝たままの入浴〉: sengebad (-et, -e) はseng (-en, -e)〈ベッド〉とbad (-et, -e)〈風呂；入浴〉との合成名詞. **brusebad**〈シャワー（を浴びること）；シャワーの設備〉: 単数形. brusebad (-et, -e) は名詞 bruse (-n, -r)〈シャワー（装置）〉あるいは動詞 bruse$^{I/II}$ (brusede/bruste, bruset/brust)〈器 [＝じょうろ] で水をまく；噴射する〉とbad (-et, -e) との合成名詞. 3) **sårpleje**〈傷の手当〉: 単数形. sårpleje (-n, -r) はsår (-et, -)〈傷〉とpleje (-n, -r)〈世話，看護〉との合成名詞. **hudpleje**〈肌の手入れ〉: 単数形. hudpleje (-n, -r) はhud (-en, -er)〈肌，皮膚〉とplejeとの合成名詞. **hårpleje**〈髪の手入れ〉: 単数形. hårpleje (-n, -r) はhår (-et, -)〈髪，毛〉と pleje との合成名詞. **barbering** (-en, -er)〈ひげをそること，ひげそり〉: 動詞 barbere^I (barberede, barberet)〈（他人の）ひげをそる〉の派生名詞. 再帰動詞 barebere sig〈（自分の）ひげをそる〉を参照. **af- og påklædning**〈脱衣と着衣〉: ＝afklædning og påklædning. このように, 語幹（あるいは, 第2要素）が共通の2つの派生語（あるいは, 合成語）を並列する場合には, 1つ目の語は語幹（あるいは, 第2要素）を省略し, ハイフンで示す. afklædning (-en, -er)〈衣服を脱がせること；衣服を脱ぐこと〉は, 動詞af・klæde^{II} (-klædte, -klædt)〈衣服を脱がせる〉からの派生名詞: klæde^{II} ～ af〈～の衣服を脱がせる〉, klæde^{II} sig af〈衣服を脱ぐ〉を

パーソナルケアと医療ケア

　パーソナルケアと医療ケアとは，例えば，ベッドに寝たままでの入浴，シャワー，傷の手当，肌の手入れ，髪の手入れ，ひげそり，脱・着衣，カテーテルの世話，人口瘻（ろう）の世話，トイレの介助，口と歯の手入れ，薬剤服用の介助，様々な趣味活動に参加するための介助です．

参照． påklædning (-en, -er)〈衣服を着(せ)ること〉：på・klæde^{II}〈衣服を着せる〉からの派生名詞：klæde^{II} ～ på〈～に衣服を着せる〉， klæde^{II} sig på〈衣服を着る〉を参照．　4) **kateter- og stomipleje**〈カテーテルの世話と人口瘻の世話〉：= kateterpleje og stomipleje． kateterpleje (-n, -r) は kateter (-et, katetre)〈カテーテル〉と pleje との合成名詞． stomipleje (-n, -r) は stomi (-en, -er)〈人口瘻，人口肛門〉と pleje との合成名詞．　**hjælp til toiletbesøg**〈トイレへ行くための手助け〉：hjælp (-en)〈助け，手伝い〉． toiletbesøg (-et, -)〈トイレへ行くこと〉は toilet (-tet, -ter)〈トイレ〉と besøg (-et, -)〈訪問〉との合成名詞．　**mund- og tandpleje**〈口の手入れと歯の手入れ〉：= mundpleje og tandpleje． mundpleje (-n, -r)〈口のケア，手入れ〉は mund (-en, -e)〈口〉と pleje との合成名詞． tandpleje (-n, -r)〈歯の手入れ〉は tand (-en, tænder)〈歯〉と pleje との合成名詞．　5) **hjælp til medicin**〈薬への手助け〉：すなわち〈薬を服用する際の介助〉． medicin (-en, -er)〈薬剤〉． **hjælp til at deltage i ～**〈～に参加するための手助け，介助〉． del・tage (-tog, -taget) i ～〈～に参加する〉：= tage (tog, taget) del i ～．　6) **aktivitetstilbud**〈(趣味)活動の提案・提供〉→〈提供される様々な(趣味)活動〉：複数未知形：aktivitet (-et, -er)〈(趣味)活動〉と til¦bud (-et/-buddet, -)〈申し出，提供〉との合成名詞．

Tryghedsbesøg

Døgnplejen kan også tilbyde tryghedsbesøg, hvis du har brug for stabilitet, sikkerhed og tryghed i hverdagen.

Mad

5 Hjælperen varmer udbragt mad eller tilbereder kold mad, hvis du ikke selv kan lave mad eller benytte cafeteriaerne i de lokale områdecentre. Hjælperen kan også servere og

---

2) **Døgnplejen kan også tilbyde tryghedsbesøg** 〈24時間ケアは安らぎ訪問も提供できる〉：også〈も，また〉はふつう中域に置かれる副詞であり，理論的には主語のdøgnplejenを修飾し〈24時間ケアも…〉を意味したり，不定形動詞の不定詞tilbydeを修飾し〈[例えば（計画するばかりではなく）]提供も…〉を意味することも可能ではあるが，本テキスト中では前後関係からogsåはtryghedsbesøgを修飾していると考えられる． til·byde (-bød, -budt)〈提供する，申し出る〉． **hvis**〈もし…ならば〉：従位接続詞． **har brug for 〜**〈〜を必要としている〉． 3) **stabilitet, sikkerhed og tryghed i hverdagen**〈日常生活における安定（性），安心，安らぎ〉：先行の (har brug) for の目的語． stabilitet (-en)〈安定(性)〉． sikkerhed (-en, -er)〈安全，安心〉． tryghed (-en, -er)〈安らぎ，安心〉． i hverdagen〈日常生活における〉：先行のstabilitet, sikkerhed, tryghedを修飾する． hverdagenはhverdag (-en, -e)〈週日，平日〉の単数既知形． 4) **mad** (-en)〈食べ物，食事〉：(不可算名詞) 単数形． 5) **varmer udbragt mad**〈配達された食事を温める〉：varmerはvarme¹ (varmede, varmet)の現在形． udbragt mad：ud·bringe (-bragte, -bragt)〈配達する〉を参照．つまり，配達された食事を温かい食事 (varm mad) にする．ヘルスィングエーア・コムーネの食事サービス (Madservice) では1日につき1食分を温かい食事 (varm mad) 用に配達し，これを各自が電子レンジ等で温めて食べるという方法をとっている．これは，現代のデンマークの家庭では一般的に1日に1度しか温かい食事（middag (-en, -e)〈ディナー；(ふつう) 夕食〉）をとらず，そ

安らぎ訪問

24時間ケアは,もしあなたが日常生活において安定(性),安心,安らぎを必要とする場合には,安らぎ訪問を提供することもできます.

食事

ヘルパーは,あなたがご自分で食事を作ることができなかったり,居住地域の地域センターのカフェテリアを利用することができない場合には,配達された食事を温めたり,サンドイッ

れ以外はkold mad〈冷たい食事,火を通さない食事〉であることと関連があるであろう. **tilbereder kold mad**〈冷たい食事を用意する〉,すなわち〈オープンサンドイッチなどを用意する〉. 6) **hvis du ikke selv kan ...**〈もしあなたが自分で…できないならば〉:否定の副詞ikkeは(従位接続詞hvisで始まる)従位節中では,主語の直後,定形動詞の前に置かれる. selv〈自分(自身)で〉:代名詞. kan:法助動詞;「能力」を表す. **lave mad**〈食事を作る〉:lave^I (lavede, lavet)〈作る;する〉. 不定詞laveは法助動詞kanに続く. **benytte cafeteriaerne i ~**〈~の中にあるカフェテリアを利用する〉:benytte^I (benyttede, benyttet)〈利用する,用いる〉. 不定詞benytteは先行のkanに続く. cafeteriaerneはcafeteria (cafeteri(a)et, cafeteri(a)er)〈カフェテリア〉の複数既知形. 7) **de lokale områdecentre**〈地元の地域センター〉. 〈それらの地域センター〉は名詞の〔複数既知形〕områdecentreneとなるが,名詞を形容詞類が修飾している場合には,de lokale områdecentreのように〔独立定冠詞+形容詞類の既知形+名詞〕:deは独立定冠詞の複数形. lokaleは(独立)定冠詞の後で,lokal〈地元の,ローカルな〉の既知形. なお,〈ある地元の地域センター〉はet lokalt områdecenterとなる. områdecentre:複数形;område (-t, -r)〈地域,地区〉とcenter (cent(e)ret, centre(r))〈施設;センター〉との合成名詞. **Hjælperen kan også ~**〈ヘルパーは~もできる〉:kanは「可能」を表す. kanに続く不定詞はservereとhjælpe. **servere**^{I} (serverede, serveret)〈食卓に飲食物を並べる;給仕する〉.

hjælpe dig med at indtage maden. Læs mere om udbragt
mad og cafeteriaerne i Helsingør Kommunes faktafolder
om Madservice. Den fås bl.a. i servicebutikker, i
lokalcentrenes cafeteriaer og på biblioteker.

---

1) **hjælpe dig med at ~** 〈あなたが~するのを手伝う〉：hjælpe (hjalp, hjulpet)〈手伝う，助ける〉.　**indtage maden**〈食事を取る〉：ind·tage (-tog, -taget)〈飲む，食べる，(食事を)取る〉.　maden：mad (-en)〈食べ物，食事〉の単数既知形.　**Læs mere om ~ i ...**〈~について…でさらに (/より多く) 読め〉：læsはlæse^{II} (læste, læst)〈読む〉の命令形. mere〈より多く〉：副詞.　mereは形容詞/副詞meget〈たくさん (の)〉の比較級.　**udbragt mad**〈配達された食事〉, すなわち「配食サービス」のこと.　2) **i Helsingør Kommunes faktafolder om Madservice**〈ヘルスィングエーア・コムーネ発行の, 食事サービスに関する概況のパンフレットの中で〉.　faktafolder〈概況のパンフレット〉：faktum(-(m)et, fakta)〈事実〉の複数未知形faktaとfolder (-en, -e)〈折りたたみ印刷物, パンフレット〉との合成名詞.　om〈~に関する, ~についての〉：前置詞.　madservice〈食事サービス〉：mad (-en)とservice (-n)〈サービス〉との合成名詞.　3) **Den fås ~**〈それは~で手に入る〉：denは直前のHelsingør Kommunes faktafolder om Madserviceを指す3人称の人称代名詞共性単数形.　fås：få (fik, fået) のs-受動形の現在形.　s-受動形は, 本テキスト中のこの例のように, 一般的事実を表すのによく用いられる.　**bl.a.**：blandt andet〈例えば〉の略.　blandt〈~の中で〉：前置詞.　andet

チ等の用意をしたりします．ヘルパーは，また，配膳をしたり，あなたが食事をするお手伝いをすることも可能です．配食サービスとカフェテリアについて詳しくは，ヘルスィングエーア・コムーネ発行の食事サービスの概況に関するパンフレットをお読みください．パンフレットは，例えば，サービスショップ，地域センターのカフェテリア，図書館に置いてあります．

〈他の事柄〉：不定代名詞anden (andet, andre)〈別の，他の〉の中性単数形の名詞的用法．**i servicebutikker**〈サービスショップで〉：servicebutik (-ken, -ker) は service (-n)〈サービス〉と butik (-ken, -ker)〈店，商店〉との合成名詞．servicebutikはふつう，ガソリンスタンドにある売店のことを思い浮かべるが，本テキストでは，ヘルスィングエーア・コムーネのrådhus〈市庁舎〉ならびに各局の「受付・相談窓口」のことを言う．本文中でservicebutikkerと複数形になっているのは，市庁舎と社会福祉・保健局 Social- og Sundhedsforvaltningen の 2 つのサービスショップのことを言っているのであろう．なお，servicebutikという語のこの意味（/用法）はヘルスィングエーア・コムーネ独自の発明であり，同コムーネの外ではふつう理解されない．**i lokalcentrenes cafeteriaer**〈地域センターのカフェテリアの中で〉．lokalcentrenes：複数既知形の所有格．lokal・center (-cent(e)ret, -centre(r))〈地域センター〉は形容詞 lokal〈地元の〉と center〈センター〉との合成名詞．本書28頁7行のet lokalt områdecenter〈地元[居住地域]の地域センター〉と同じ物を指している．　4) **på biblioteker**〈図書館で〉：bibliotekerはbibliotek (-et, -er)の複数未知形．前置詞がiではなく，påであることに注意．

Råd og vejledning

Har du eller dine pårørende brug for at tale med nogen om livsførelse og aktiviteter, er du velkommen til at spørge din hjælper til råds. Det kunne fx være om mad, motion og
5 fritidsinteresser.

---

1) **råd og vejledning** 〈アドバイスと指導〉：råd (-et, -) 〈アドバイス〉は単複同形の名詞であるが，後続のvejledning (-en, -er) 〈指導〉が単数形であることから，råd はここでは単数形であることがわかる．vejledning：vej・lede$^{II(/I)}$ (-ledte (/-ledede), -ledt (/-ledet)) 〈導く，指導する〉；vej (-en, -e) 〈道〉，lede$^{II(/I)}$ (ledte (/ledede), ledt (/ledet)) 〈導く；先導する〉を参照．2) **Har du ... aktiviteter,** 〈もしもあなたが…ならば，〉：倒置条件文で，Hvis du har … と同義．**har brug for** ~ 〈~を必要としている〉．**dine pårørende** 〈あなたの親戚（の人）〉：dineは所有代名詞din (dit, dine) の複数形で後続のpårørendeを限定している．pårørende (単en pårørende, den pårørende, 複pårørende, de pårørende) 〈親戚・親類（の人）〉は先行のdineから判断すると複数形．**at tale med nogen om** ~ 〈~について誰かと話すこと〉：har brug forのforの目的語．tale^{II} (talte, talt) 〈話す〉．med ~ 〈~と・と一緒に・とともに〉：前置詞，英語のwithに相当．nogen 〈誰か〉：nogen (noget, nogle/nogen) は英語のsome/anyに相当する不定代名詞であるが，nogenが単独で名詞的に用いられる場合には〈誰か〉を意味する（nogetが単独で名詞的に用いられる場合には〈何か〉を意味し，nogleが単独で名詞的に用いられる場合には〈(2人以上の) 複数の人〉を意味する）．om ~ 〈~について・関して〉：前置詞，英語のaboutに相当．3) **livsførelse og aktiviteter** 〈生き方と（複数の）（趣味）活動〉．livsførelse (-n, -r) 〈生き方〉：liv (-et, -) 〈人生，生涯〉と førelse (-n, -r) (← føre^{II} (førte, ført) 〈(人生を) 送る〉) との合成名詞，føre et liv 〈ある人生を送る〉を参照．

— 32 —

ガイダンス

あなた，もしくは，身内の方が，生き方と諸々の趣味活動に関して，誰かと話す必要がある場合には，あなた付きのヘルパーにお気軽にご相談ください．例えば，食事，運動，余暇の趣味活動のことなどが考えられます．

---

aktiviteter：aktivitet (-en, -er)〈活動〉．　**er du velkommen til at ~**〈あなたは自由に~してよい〉：条件文 Har du ... aktiviteter が文頭にきているので，主語duと定形動詞erが倒置されている．　velkommenは文の述部（主語に対する補語）であるので，主語の性・数に呼応してvel・kommen (-komment, -komne) の未知形単数共性形．**spørge ~ til råds**〈~にアドバイスを求める〉：spørge (spurgte, spurgt)〈きく，尋ねる，質問する〉．råds：råd (-et, -)〈アドバイス〉に -s が付いているのは，前置詞 til が古くは属格（所有格）を支配していたことの名残である．　**din hjælper**〈あなたのヘルパー〉：dinは所有代名詞 din (dit, dine) の単数共性形．hjælper (-en, -e)〈ヘルパー〉の複数既知形は hjælperne であり，複数未知形 hjælpere + ne ではないことに注意．4) **Det kunne være om ~**〈それはひょっとしたら~に関することかもしれない〉：det kan være ~〈それは~かもしれない/~でありえる〉を参照：kanは「可能性・推量」を表し，kunneはkanよりも「弱い可能性・推量」を表すが，ここではkunneを用いることによって，読者に対してより丁寧な表現となっている．　**fx**〈例えば〉：for eksempelの略．　**om mad, motion og fritidsinteresser**〈食事，運動，余暇の趣味活動について/関して〉：mad (-en), motion (-en) は単数形．fritidsinteresserは複数形：fritidsinteresse (-n, -r) はfritid (-en)〈自由な時間，余暇〉と interesse (-n, -r)〈関心，興味；関心事，趣味（活動）〉との合成名詞．　fritidは形容詞 fri (-t, -e)〈自由な；自由に使える；休みの〉と tid (-en)〈時間〉との合成名詞．

Sådan vurderer vi behovet for hjælp

Døgnplejen påtager sig ikke opgaver, som du eller din familie selv kan klare. Hjælpen gives ud fra dine behov. For at sikre, at du får den rette hjælp, vurderer vi løbende dit
5 behov for hjælp.

Derfor kan det ikke på forhånd siges, hvad hjælpen fra

---

1) **Sådan vurderer vi behovet for hjælp** 〈その（・この）ように私たちは援助に対するニードを評価・判断する〉. sådan〈その（・この）ように〉:不定代名詞 sådan (sådant, sådanne)〈その（・この）ような〉の副詞的用法. vurderer:vurdere¹ (vurderede, vurderet)〈評価・判断する；見積る〉:不定詞がラテン語の不定詞の語尾 -ere に終わる動詞は，第1強勢が常に -ere- の r の前の e にある. behovet for ～〈～に対するニード〉:behovet は behov (-et, -)〈必要（性）：ニード，ニーズ〉の単数既知形. hjælp (-en)〈助け，手伝い，援助〉. 2) **påtager sig** ～〈～を引き受ける〉:på·tage (-tog, -taget). ここでは再帰動詞 påtage sig の主語が3人称単数の døgnplejen であるから，sig という再帰代名詞の形が用いられているが，この再帰代名詞は主語の人称，数等によって次のように入れ替わる:jeg påtager mig, du ... dig, han/hun/den /det ... sig, vi ... os, I ... jer, de ... sig, De ... Dem. **opgaver, som ...**〈…するところの課題〉:som 以下は先行詞 opgaver を限定する制限的関係節. opgaver:opgave(-en, -r)〈課題；仕事〉. **som du ... klare**〈あなた，もしくはあなたの家族自身がすることができるところの〉:som は関係節中で klare の目的語. du eller din familie が関係節中の主語:din は所有代名詞 din (dit, dine)〈あなたの，君の〉の単数共性形で後続の共性名詞の単数形 familie (-n, -r) に呼応している. 3) **selv**〈自分自身（で）〉:代名詞. **kan**:(kunne, kan, kunne, kunnet)〈できる〉「能力」を表す. klare:klare¹ (klarede, klaret)〈(なんとか)やりおおせる〉. **Hjælpen ... dine behov**〈援助はあなたのニーズに基づいて与えられる〉:Hjælpen:hjælp (-en) の（単数）既知形. gives:give (gav, givet)〈与える〉の s-受動形現在. ud fra ～〈～に基づいて〉:前置詞 fra は dine behov を支配している. dine behov:dine は所有代名詞の複数形で behov を限定していることから

— 34 —

援助のニードに関する判断方法

24時間ケアは，あなた，もしくは，あなたのご家族が，ご自分でできる課題はお引受いたしません．援助はあなたのニーズに応じて提供されます．あなたが適切な援助を受けられるよう保証するために，私たちは，援助に対するあなたのニードを最新の事情に則して判断します．

そういうわけで，24時間ケアが提供する援助がどういうもの

---

behovはbehov (-et, -)〈必要（性）；ニード，ニーズ〉の複数形であることがわかる． **For at sikre, at ... hjælp**〈at以下のことを保証するために〉：副詞句（前置詞句）．この副詞句が文頭にあるために主語viと定形動詞vurdererが倒置されている． for at＋不定詞〈～するために〉．sikre^I (sikrede, sikret)〈保証する；確実なものにする〉：目的語は後続のat-節．
4) **du får den rette hjælp**〈あなたは適切な援助を受ける〉．får：få (fik, fået)〈得る；もらう〉の現在形．den rette hjælp〈適切な援助〉：denは独立定冠詞；共性名詞の単数形hjælpを限定． rette：独立定冠詞の後で形容詞ret〈正しい，正当な；適切な〉が既知形になっている． **vurderer vi ... dit behov for hjælp**〈私たちは援助に対するあなたのニードを評価する．vurderer：vurdere^I (vurderede, vurderet)〈評価する，見積る〉．dit behov for ～〈～に対するあなたのニード〉：ditは所有代名詞din (dit, dine)の単数中性形で，behovを限定． behovは単複同形の名詞behov (-et, -)の単数形であることが，所有代名詞ditの形からわかる． **løbende**〈絶え間なく，ひっきりなしに；最新の事情に則して〉：副詞． 6) **derfor**〈したがって〉：副詞．文頭にこの副詞があるために後続の主語detと定形動詞kanが倒置されている． **kan det ... siges, hvad ...**〈hvad以下のことは言われる／言うことができる〉：detはhvad以下の間接疑問文を指す仮主語．kan: kunne (kan, kunne, kunnet)「可能」の意． siges：sige (sagde, sagt)〈言う〉のs-受動形の不定詞，先行の法助動詞kanに続く．
på forhånd〈前もって，あらかじめ〉． **hvad hjælpen fra døgnplejen består af**〈24時間ケアからの援助が何から成っているかということ〉．fra ～〈～から〉：前置詞． består af ～〈～から成っている〉：bestå (bestod, bestået)． hvad〈何〉：(består) afに支配されている．

døgnplejen består af. Hjælpen er forskellig fra hjem til hjem.
Der bevilges ikke et bestemt antal timer. Det er opgaverne,
der afgør, hvor længe hjælperen er i dit hjem. Når du får
bevilget hjælp i hjemmet, forsøger vi at komme på de
5 tidspunkter, som passer dig bedst.
Hjælp til indkøb, tøjvask og rengøring ophører i perioder,
hvor voksne børn eller andre bor i dit hjem.

---

1) **forskellig** 〈異なる〉：形容詞の未知形単数共性形；共性名詞の単数形であるhjælpenの補語であるために，これに呼応している． **fra hjem til hjem** 〈家庭から家庭へと〉：hjem：hjem (-met, -) 〈家；家庭〉の単数形．
2) **der bevilges ～** 〈～が認められる〉：et bestemt antal timerが不定の主語であるため，形式主語のderで文が始まっている．bevilges：bevilge¹ (bevilgede, bevilget) 〈認める〉のs-受動形の現在形． **et bestemt antal ～** 〈ある特定数の～〉． timer：time (-n, -r) 〈時間〉の複数未知形． **det er opgaverne, der afgør, hvor ...** 〈hvor以下を決定するのは課題／仕事である〉：det er A, der Bという強調構文（分裂文）．これは，元来opgaverne afgør, hvor ... という文があり，この文の主語を強調したものと考えられる．opgaverne：opgave (-n, -er) 〈課題〉の複数既知形． afgør：af·gøre (-gjorde, -gjort) 〈決定する〉． 3) **hvor længe hjælperen er i dit hjem** 〈ヘルパーがどのくらいの間あなたのうちにいるかということ〉． længe 〈長い間〉：〔hvor＋形容詞／副詞〕は英語の〔how＋形容詞／副詞〕に相当する． dit hjem 〈あなたの家〉：ditは所有代名詞din (dit, dine)の単数中性形，hjem（中性名詞の単数形）に呼応し，これを限定している． **Når ... hjemmet,** 〈…するとき〉：nårは「時」の従位接続詞． **du får bevilget ～** 〈あなたは～を認められる〉：〔få＋過去分詞(A)＋目的語(B)〕の構文は〈BをAされる／してもらう〉の意． får：助動詞få (fik, fået)． bevilget：bevilge¹ (bevilgede, bevilget) 〈認める〉． 4) **hjælp i hjemmet** 〈自宅における援助，自宅での援助〉：bevilgetの目的語． **forsøger vi at ...** 〈わたしたちは…しようと試みる〉：従位節Når ...

から成っているかということは，事前に述べることはできません．援助は家庭ごとに異なるのです．ある一定の［援助の］時間数が認められるということではありません．ヘルパーがあなたのお宅にどのくらいの時間いることになるかということは，どういう仕事をするかによって決まります．あなたがご自宅における援助を認められた場合には，あなたに最も都合の良い時間にお宅をお訪ねするように努めます．

　買い物と衣類の洗濯と掃除の援助は，お宅に成人したご子息やその他の方が滞在されている期間は，停止になります．

---

hjemmetが文頭に置かれているので主語と定形動詞が倒置されている．for・søge^{II} (-søgte, -søgt) at + 不定詞　〈～しようとする，～しようと試みる〉．　　komme：komme (kom, kommet)〈来る；行く，訪ねる〉．　　**på de tidspunkter, som ...** 〈som以下という時点／時間に〉：tidspunkter：tidspunkt (-et, -er)，　tid (-en, -er)〈時間〉と punkt (-et, -er)〈点〉との合成名詞．　de ..., som ...：de は指示代名詞 den (det, de)〈それ，あれ〉の後方照応の用法で，後続の制限的関係節 (som ...) を指す．　この後方照応の指示代名詞 den (det, de) は，英語では定冠詞theで表される．なお，deという複数形は tidspunkter を限定しているから．　5) **som passer dig bedst** 〈あなたに最も都合の良い〉：制限的関係節．　som：関係代名詞，関係節中の主語．　passer：passe^{I} (passede, passet)〈～に合う／都合が良い〉．　bedst 〈最も良く〉：副詞の最上級：godt 〈良く〉(bedre, bedst)．6) **hjælp til ～** 〈～への援助〉．　　ophører：op・høre^{II} (-hørte, -hørt)〈止まる〉；høre^{II} op 〈止まる〉を参照．　**i perioder, hvor ...** 〈成人した子供たち，あるいは他の人たちがあなたの家に住んでいる期間に〉：periode (-n, -r)〈期間〉．　hvorは関係副詞で，hvor ... は先行詞 perioder を修飾する制限的関係節．　voksne børn 〈成人の子供たち〉：voksne は voksen (voksent, voksne)〈成人の，大人の〉の未知形複数形で名詞の複数形 børn (barn (-et, børn)〈子供〉) を修飾．　eller 〈あるいは〉：等位接続詞．　andre〈他の人たち〉：不定代名詞anden (andet, andre)〈他の，別の〉の名詞的用法．　bor：bo^{I} (boede, boet)〈住んでいる〉．

Praktiske oplysninger

■ Varig hjælp er gratis.

■ Betaling af midlertidig hjælp afhænger af din indkomst.

■ Kommer hjælpen mere end 1/2 time tidligere eller mere end 1/2 time senere end aftalt, får du besked. Du bedes være hjemme inden for dette tidsrum.

---

1) **Praktiske oplysninger** 〈有益な諸情報〉：praktiskeは形容詞praktisk〈実用的な，実際の役に立つ〉の未知形複数形でoplysningerを修飾している．oplysninger：oplysning (-en, -er)〈情報〉． 2) **varig hjælp**〈長く続く援助〉：varigは形容詞varig〈永続する，永久の；長持ちする〉の未知形単数共性形で共性名詞の単数形hjælpを修飾している． **gratis**〈無料の〉：不変化形容詞． 3) **Betaling af** ~〈~の支払〉：betaling (-en, -er)は動詞betale[II](betalte, betalt)〈支払う〉からの派生名詞． **midlertidig hjælp**〈一時的な援助〉：midlertidig〈一時的な，仮の〉は未知形単数共性形の形容詞． **afhænger af** ~〈~次第である〉：af・hænge (-hang, -hængt)． **din indkomst**〈あなたの収入〉．dinは所有代名詞din (dit, dine) の単数共性形(共性名詞の単数形indkomstを修飾しているため)．indkomst (-en, -er)． 4) **Kommer hjælpen ... aftalt, får du ...**〈もしもヘルパーが・・・来れば，あなたは・・・得る〉：Kommer hjælpen ... aftaltは疑問文ではなく，主語と定形動詞の位置が倒置されている，倒置条件文である．したがって，従位節として機能している．意味の点では，Hvis hjælpen kommer ... aftaltとするのと同じである．ちなみに，デンマーク語ではこの倒置条件文は比較的よく用いられる．hjælpenはhjælp (-en) の (単数) 既知形で，ここでの意味は〈援助〉ではなく，〈ヘルパー〉である．つまり，hjælp (-en) は，意味上はhjælper (-en, -e) と同じであるが，hjælperに複数形があるのとは異なり，単数形しかない． **kommer ... mere end 1/2 time tidligere ... end aftalt**〈打合せたのよりも半時間をこえて早く来る〉． mere end 1/2 time〈半時間よりも多く〉：1/2 timeはen halv timeと読む：time (-n, -r)〈(時間単位としての) 時 (間)〉．tidligereは形容詞tidlig〈早い〉の比較級 (ちなみに最上級はtidligst) の副詞的用法． end〈~よりも〉：比較の接続詞，英語のthanに相当する．

— 38 —

その他のご案内

■ 長期的援助は無料です．

■ 一時的援助の支払は，あなたの収入によって決まります．

■ ヘルパーの到着が約束の時間よりも30分以上早くなったり，遅れたりする場合には，ご連絡します．［したがいまして］約束の時間の前後1時間の間はご在宅くださるようお願いします．

---

aftalt：af・tale^{II} (-talte, -talt) 〈取り決める；合意する〉の過去分詞． **eller** 〈あるいは〉：等位接続詞． **mere end 1/2 time senere end aftalt** 〈打合せたのよりも半時間をこえて遅く〉：先行のKommer hjælpenに続く．senereは形容詞sen〈(時間・時期的に)早い〉の比較級(最上級はsenest)の副詞的用法． 5) **får du besked** 〈あなたは通知を受け取る〉：文頭にKommer hjælpen ... aftalt, という従位節があるので，主語duと定形動詞fårが倒置されている． får：få (fik, fået) 〈もらう，得る，手に入れる〉の現在形． besked (-en, -er) 〈回答，通知，伝言〉：få besked〈通知／回答を受け取る〉． **Du bedes ～** 〈～するようお願いします／どうか～して下さい〉：bedesは，直後に動詞の原形不定詞(atのつかない不定詞)を要求し，一種の助動詞のようである． bedesは，元来，bede (bad, bedt) 〈乞う，頼む〉のs-受動形で，ここでは現在形．能動のbedeを使って〈～に～することを乞う／頼む〉という意味を表すには，［bede＋目的語＋原形不定詞］と［bede＋目的語＋om＋at-不定詞］の2つの構文があり，du bedes ～ という言い方は，これらの能動の構文のうちの前者に由来している． 6) **være hjemme** 〈自宅にいる〉：hjemme 〈自宅で・に〉，副詞． **inden for dette tidsrum** 〈この時間内に〉，すなわち〈約束の時間の前30分と後30分の合計1時間の間に〉． inden for ～ 〈～の内側で・に，～の範囲内で・に〉：indenは副詞，forは前置詞であるが，inden for全体で前置詞(複合前置詞)として機能している(ちなみに，indenforのように1語で書くと，副詞である)． dette tidsrum 〈この時間〉． detteは指示代名詞denne (dette, disse) 〈この，これ〉の単数中性形で，中性名詞の単数形tidsrum (-met, -) 〈時の間，時間，期間〉を修飾している． tidsrumはtid (-en, -er) 〈時，時間〉とrum (-met, -) 〈空間〉との合成名詞．

■ Hvis du er forhindret i at være hjemme til et aftalt besøg, skal du orientere døgnplejen. Kommer hjælperen til en låst dør, er vi nødt til at tilkalde en låsesmed. Du kommer til at betale regningen.

5 ■ Alle kommunens hjælpere har et ID-kort. Du har ret til at se kortet.

---

1) **hvis du er forhindret i at ~**〈もしもあなたが~することを妨げられているならば〉：er forhindret〈妨げられている〉は for・hindre^I (-hindrede, -hindret)〈妨げる, 妨害する〉の状態受動態. forhindre A i B〈AがBするのを妨げる〉. **til et aftalt besøg**〈約束された訪問の時間に〉：til ~〈~の時間に〉, besøg (-et, -)〈訪問〉. aftaltはaf・tale^{II} (-talte, -talt)〈約束する, 合意する〉の過去分詞で, et besøgを修飾する. aftaltは, 定冠詞を伴った〈その約束された訪問〉を修飾する場合には, 既知形になり, det aftalte besøgとなる. 2) **skal**〈しなければならない；する必要がある〉. 主語以外の文要素である条件節hvis ... besøgが文頭に置かれているので, 主語duと定形動詞skalが倒置されている. **orientere ~ (om ...)**〈~に（…について）説明する, 情報を提供する, 教える〉. **Kommer ... en låst dør**〈もしもヘルパーが施錠されたドアに到着するならば〉：定形動詞kommerと主語hjælperenが倒置された, 倒置条件文で, hvis hjælperen kommer ... と同義. låstはlåse$^{II(/I)}$ (låste (/låsede), låst (/låset))〈鍵をかける, 施錠する〉の過去分詞でdør (en, -e)〈ドア〉を修飾. 3) **er vi nødt til at ~**〈私たちは~しなければならない〉：nødtは不変化形形容詞. Kommer ... dørの条件節が文頭に置

— 40 —

■ もし約束の訪問のときにご在宅できなくなった場合には，その旨を24時間ケアまでお知らせください．ヘルパーがお訪ねしたときに，ドアの鍵がかかっている場合には，鍵屋さんを呼び寄せなくてはならなくなりますが，あなたに，その代金を払っていただくことになります．

■ コムーネの全ヘルパーは身分証明書を所持しております．あなたにはその身分証明書を見る権利があります．

かれているので，主語viと定形動詞erの倒置が起こっている． **tilkalde** ~ 〈~を呼び寄せる〉：til・kalde^{II} (-kaldte, -kaldt)． **låsesmed** (-en, -e) 〈鍵屋；鍵職人〉：lås (-en, -e) 〈錠，錠前〉と〈smed (-en, -e) 〈金属細工師；鍛冶屋〉との合成名詞． **kommer til at** ~ 〈~することになる；~しなくてはならない〉． 4) **betale regningen** 〈勘定を支払う〉：betale^{II} (betalte, betalt) 〈支払う〉．regningen：regning (-en, -er) 〈勘定〉の単数既知形で，「鍵屋に支払う勘定(代金)」を指している． 5) **Alle kommunens hjælpere** 〈コムーネのヘルパー全員〉：alleは不定代名詞 al (alt, alle) 〈すべての〉の複数形，ここでは形容詞的用法で kommunens hjælpere を修飾している． kommunens：kommune (-n, -er) の単数既知形所有格で，意味は 〈そのコムーネの〉，すなわち 〈ヘルスィングエーア・コムーネの〉． **ID-kort** (-et, -) 〈ID カード，身分証明書〉：identitetskortの略で，[イーディー・コート]と読む． **har ret til at** ~ 〈~する権利を有する〉：ret (-ten) 〈権利〉． 6) **se**：se (så, set) 〈見える；見る〉の不定詞． **kortet** 〈そのカード〉，すなわち 〈所持している身分証明書〉：kort (-et, -) 〈カード〉の単数既知形．

■ Personalet arbejder kun i hjemmet, når du selv er der.
■ Dit hjem er hjælperens arbejdsplads, og det skal leve op til de krav, som fremgår af pjecen „Deres hjem er også hjælperens arbejdsplads". Pjecen fås på lokalcentrene.

---

1) **Personalet**：personale (-t, -r)〈(集合的に) 職員, 従業員〉の単数既知形. **arbejder**：arbejde¹ (arbejdede, arbejdet)〈働く〉の現在形. **i hjemmet**〈自宅に〉：hjemmetはhjem (-met, -) の単数既知形. **når du selv er der**〈あなた自身がそこにいるとき〉：時の副詞節. der〈そこに〉とは, すなわちi hjemmetのこと. 代名詞selv〈自身が・で〉は中域に置かれる. 中域とは, 時の副詞節のような従位節中では, 主語の直後で, 定形動詞の直前の位置である. **kun**〈ただ···だけ〉：副詞節når du selv er derを修飾. kunは中域副詞であるので, 主節 (の平叙文) では, 主語が文頭にある場合には, 定形動詞の直後に置かれ (例：Jeg har kun 10 kroner i pungen〈私は財布に10クローネしかない〉), 主語以外の文要素が文頭にある場合には, 定形動詞の後で, 主語の直後に置かれる (例：I pungen har jeg kun 10 kroner〈財布には私は10クローネしかない〉). このように, 中域副詞が主節中や従位節中で占める位置は決まっている. これを別の観点からみると, 本文の例文Personalet arbejder kun i hjemmet, når du selv er derにおいて, 中域副詞kunは, 理論的には, personaletを修飾し,〈職員だけが···〉も可能であるし, arbejderを修飾し,〈(世間話などはせずに) 働くだけである〉も可能であるし, i hjemmetを修飾し,〈(買い物などに行ったりせずに) お宅だけで〉も可能であるし, når du selv er derを修飾し,〈あなた自身が在宅のときにだけ〉も可能であるが, 本文ではnårに始まる副詞節を修飾している. このように, 中域副詞が文中にある場合には, 修飾関係を慎重に見極めねばならない. 2) **Dit hjem**〈あなたのお宅・家〉：ditは2人称単数の所有代名詞din (dit, dine) の単数中性形で, 後続の中性名詞の単数形であるhjem (hjem (-met, -)) を限定する. **hjælperens**：hjælper (-en, -e) の単数既知形所有格. **arbejdsplads** (-en, -er)〈職場, 仕事場〉：arbejde (-t, -r)〈仕事, 職〉とplads (-en, -er)〈場所；席〉との合成名詞. arbejdeが合成語の第一要素になる場合にはarbejds- の形になる. **det**〈それ〉：中性名詞の単数形を受ける3人称単数の人称代名詞で, dit hjem

- コムーネの職員は，あなたがご在宅のときにだけ，お宅で仕事をいたします．
- あなたのお宅はヘルパーの職場です．したがいまして，あなたのお宅は，小冊子「あなたのお宅はヘルパーの職場でもあります」に記載されている諸条件を満たすものでなければなりません．この小冊子は地域センターに置いてあります．

を指す．　**skal**〈しなければならない；する必要がある〉：法助動詞skulle (skal, skulle, skullet) の現在形．　**leve op til ~**〈(期待などに)に応える；(条件などを) 満たす〉：動詞 leve¹ (levede, levet)〈生きる；生活する〉と副詞 op〈上 (ほう) に・へ〉と前置詞 til〈~(のほう) へ〉とからなる熟語．　3) **de krav, som ...**〈(som以下のような) 要求〉：kravはkrav (-et, -)〈要求；必要条件〉の複数未知形．deは指示代名詞den (det, de) の複数形で，ふつうは英語のthose に相当するが，ここでは，後続の制限的関係節som ... に照応する，つまり後方照応の機能を有する．このような後方照応の限定詞は，英語では定冠詞がその機能を担う．したがって，de krav, som ... は英語ではthe requirements that ... となる．　**som**：関係代名詞．ここでは，関係節 som ... arbejdsplads" における主語．**fremgår af ~**　〈~から読み取れる・わかる・明らかになる〉：frem·gå (-gik, -gået)．　**pjecen**：pjece (-n, -r)〈小冊子，パンフレット〉の単数既知形．"Deres ... arbejdsplads" と同格であり，また〈"Deres ... arbejdsplads" という小冊子〉という意味で既知形になっている．　**Deres hjem**〈あなたのお宅・家〉：Deresは敬称の 2 人称単数・複数の人称代名詞 De (Dem, Deres) の所有格．De (Dem, Deres) は文中のどの位置にあっても，必ず大文字で始める．この敬称の De (Dem, Deres) の使用は，現在では非常に稀で，話し言葉では，接客業において，例えば店員が客に対してDeで呼びかけたりする(しかし，duで呼びかけることもある)．書き言葉においては，もう少しよく用いられ，例えば，商用の文書や役所が市民に向けた文書の多くで用いられる．　4) **fås**〈手に入る〉：få (fik, fået)〈入手する，手に入れる，もらう〉のs-受動形fåsの現在形．　**på**〈(施設など) で・に〉：前置詞．　5) **lokalcentrene**〈諸地域センター〉：lokalcentler (-(e)ret, -re(r)) の複数既知形．lokal〈地元の，ローカルな〉とcentler (-(e)ret, -re(r))〈センター，施設〉との合成名詞．et lokalcenterは et lokalt områdecenter のこと．

■ Hjælperen må ikke transportere dig i egen bil.

■ Kan du ikke selv åbne døren, skal døgnplejen have en nøgle til dit hjem. Der vil blive kvitteret for nøglen. Når der ikke længere er brug for nøglen, destruerer
5 døgnplejen den, medmindre andet er aftalt.

---

1) **må ikke** 〈してはならない〉：法助動詞 måtte (må, måtte, måttet) は否定辞(例えばikke)と結びつくと「禁止」を表す。　**transportere**〈移送する，運搬する〉：法助動詞 må に続く不定詞．transportere[1] (transporterede, transporteret) のような不定詞が -ere で終わる動詞はre の前の -e- に第一強勢がある．**dig**〈あなたを〉：dig は 2 人称単数の人称代名詞 du の目的格(対格)．　**i ~**〈(乗り物)で〉：i はふつう〈〜の中で・に〉を意味する前置詞．　**egen bil**〈自分の自動車〉：egen は形容詞的な不定代名詞egen (eget, egne)〈自分自身の〉の単数共性形で，共性名詞の単数形であるbilを修飾．bil (-en, -er)〈自動車〉．　2) **Kan ... døren**：定形動詞kanと主語duとが倒置された倒置条件節で，意味はhvis du ikke selv kan åbne dørenと同じ．kanは「能力」を表す法助動詞kunne (kan, kunne, kunnet) の現在形．後続の動詞の不定詞åbneを従える．**selv**〈自分自身で〉は代名詞．　åbne[1] (åbnede, åbnet)〈開ける〉．døren：dør (-en, -e)〈ドア〉の単数未知形．　**skal døgnplejen**〈24時間ケアはしなければならない〉：主語以外の文要素である倒置条件節 Kan ... døren が文頭に置かれているので主語 døgnplejen と定形動詞 skal が倒置されている．skalは「要求・必要」を表す法助動詞 skulle (skal, skulle, skullet)．døgnplejen：単数既知形．　**have**〈手に入れる，入手する〉：「要求・必要」というような本来的用法の法助動詞skulleと結びつく場合には，動詞have (本来は〈持っている〉を意味する) が動詞få〈手に入れる，入手する〉の意味を担う．別の言葉で言うと，skal fåという場合には，skalは「話し手の約束・請負」を表し，〈入手するようにしましょう；あげましょう〉のような意味になるか，skalが「伝聞，うわさ」を表し，〈手に入れるそうだ〉という意味になるのがふつうである．　**en nøgle til ~**

— 44 —

- ヘルパーはあなたを自分の車で移送してはいけません．
- もしあなたご自身がドアを開けることができない場合には，24時間ケアはお宅の鍵を入手する必要があります．その場合には，鍵の預かり証をお渡しいたします．鍵がもう必要ではなくなった場合には，別の約束がなされていないかぎり，24時間ケアがその鍵を始末します．

〈～の鍵，～を開け閉めする鍵〉． 3) **Der ... nøglen**〈その鍵の受取証が書かれるでしょう〉：自動詞 kvittere^I (kvitterede, kvitteret) for ～〈～の受け取りを書く・受領のサインをする〉を含む文の受動態の文．自動詞の受動態の文は形式主語 der で始める．元の能動態の文としては，不定代名詞 man を主語にした文 man vil kvittere for nøglen や，vi〈私たち〉を主語にした vi vil kvittere for nøglen などが考えられる． vil は法助動詞 ville (vil, ville, villet) の二次的用法，すなわち陳述緩和用法の「単純未来」を表し，この用法の ville の後では受動態は blive-受動形を用いる．一方，例えば ville の本来的用法「意志・願望」の後では受動態は s-受動形を用いる (例：jeg vil hentes i dag〈私は今日は迎えに来てもらいたい〉：hente^I (hentede, hentet))． nølgen は直前の文中の en nøgle を受け，単数既知形． **Når ... nøglen**〈…の時には〉：時の副詞節． der er brug for ～〈～が必要である〉：brug (-en)〈必要〉． ikke længere〈もはや…ない〉：længere は副詞 længe〈長い間〉の比較級，なお最上級は længst． 4) **destruerer døgnplejen den**〈24時間ケアはそれを破壊する〉：destruere^I (destruerede, destrueret)〈破壊する〉． den は先行文中の共性名詞の単数既知形である nøglen を受ける3人称単数の人称代名詞．主語以外の文要素である従位節 Når ... nøglen が文頭にきているので，文の主語 døgnplejen と定形動詞 destruerer が倒置されている． 5) **medmindre**〈もしも…でないならば〉：従位接続詞． **andet er aftalt**〈別のことが約束されている；合意されている〉：andet は不定代名詞 anden (andet, andre)〈別の，ほかの〉の単数中性形の名詞的用法で〈別のこと・もの〉を意味する． er aftalt：af·tale^{II} (-talte, -talt)〈約束する，合意する〉の状態受動態．

— 45 —

■ Hvis hjælperen kommer til at beskadige noget i dit hjem, skal både du og hjælperens leder kontaktes. Det er nødvendigt af hensyn til kommunens erstatnings-forpligtelse. Skader, der opstår på grund af slid, er ikke
5 omfattet af forsikringen.
Døgnplejen i Helsingør Kommune er delt op i grupper, der dækker hver sin del af kommunen. Grupperne er

---

1) **Hvis ... hjem**〈もしもヘルパーがたまたまお宅で何かを壊すならば〉：komme til at ～ 〈偶然・たまたま～する〉．beskadige¹ (beskadigede, beskadiget) ～〈～を損なう，～に損害を与える〉．nogetは不定代名詞nogen (noget, nogle) の単数中性形の名詞的用法で〈何か〉を意味する．i dit hjem〈あなたのお宅・家の中で〉：ditは中性名詞の単数形hjem (hjem (-met, -)〈家庭；家〉) を限定する所有代名詞din (dit, dine)〈あなたの〉の単数中性形．　2) **skal ... kontaktes**〈…が連絡をされねばならない〉：skalが「要求・必要」を表すskulle (skal, skulle, skullet) の本来的用法なので，後続する不定詞はs-受動形になっている．kontakte¹ (kontaktede, kontaktet) ～〈～に連絡をする〉．　**både du og hjælperens leder**〈あなたとヘルパーのチーフの両方〉：文の主語．både A og B〈AもBも〉．leder (-en, -e)〈リーダー，チーフ〉．主語以外の文要素である従位節Hvis ... hjem が文頭にきているので，文の主語 både du og hjælperens leder と定形動詞skalが倒置されている．　**Det er nødvendigt**〈それは必要だ〉：detは先行文Hvis ... kontaktesを指す．nødvendigtは主語に対する補語であり，主語detに性・数を呼応させた形容詞nødvendig〈必要な〉の未知形単数中性形である．af hensyn til ～ 〈～のことを考えて・考慮して；～のために〉：hensyn (-et, -)〈考慮，配慮〉．　3) **kommunens**〈コムーネの〉：kommune (-n, -r) の単数既知形所有格．〈ヘルスィングエーア・コムーネの〉の意．**erstatningsforpligtelse**〈弁償義務〉：erstatning (-en, -er)〈弁償，補償〉と forpligtelse (-n, -er)〈義務〉との合成名詞．　4) **Skader, der ... slid**〈(der以下のような) 損傷〉：主語．skaderはskade (-n, -r)〈損害，損傷〉の複数未知形で，後続の制限的関係節der ... slidによって修飾されている．derは関係代名詞で関係節中の主語の場合にの

— 46 —

■ もしヘルパーがお宅の物を壊すようなことがあった場合には，あなたとヘルパーの主任の両方に連絡がなされねばなりません．このことは，コムーネの弁償義務のために必要です．摩滅が原因で生じる損傷は保険の対象ではありません．

ヘルスィングエーア・コムーネの24時間ケアはいくつかのグループに分割されており，各グループはコムーネのそれぞれの

み用いられる． opstår：op・stå (-stod, -stået)〈発生する，生じる〉． på grund af ～ 〈～が原因で・理由で〉：grund (-en, -e)〈理由，原因〉． slid (-det)〈(使用による) 損耗，摩滅，磨耗〉． **er omfattet af** ～ 〈～によって包括されている〉：om・fatte^I (-fattede, -fattet)〈包括する，含む〉の状態受動態． 5) **forsikringen**：forsikring (-en, -er)〈保険〉の単数既知形．
6) **Døgnplejen i Helsingør Kommune**：主語．   **er delt op i** ～〈～に分割されている〉：状態受動態． dele^{II} (delte, delt)〈分ける〉：dele A op i B〈AをBに分ける・分割する〉．   **grupper, der ... kommunen**〈(der 以下のような) グループ〉：grupperはgruppe (-n, -r)〈グループ〉の複数未知形で，後続の関係節der ... kommunenの先行詞． derは関係節中の主語． dækker hver sin del af kommunen 〈それぞれがコムーネの自分の部分・領域をカバーする〉：dække^I (dækkede, dækket)〈カバーする，覆う〉． hver (hvert)〈それぞれ〉：単数扱いの不定代名詞． sin del af ～ 〈～の自分の部分〉：sinは 3 人称単数の主語を指す再帰所有代名詞sin (sit, sine)の単数共性形で，後続の共性名詞のゼロ形del (del (-en, -e)〈部分〉) を限定している．関係節の主語は，複数形のgrupperを先行詞とするderであり，複数形扱いであるが，それらのうちの 1 つ 1 つに言及して，hverとsinが用いられている． 7) **Grupperne**〈それらのグループ〉：複数既知形．   **er sammensat af** ～ 〈～から構成されている〉：形容詞sammensat (-te)〈(～から) 成り立って，構成されて〉は，述語(主語に対する補語)で前置詞句af ～ に後続されるの場合には，主語が複数形でもsammensatteとはならず不変化である． sammensatは元来，動詞sammen・sætte (-sattte, -sat)〈混ぜ合わせてつくる，合成する〉の過去分詞から派生した形容詞．

sammensat af medarbejdere med forskellig uddannelse. De
kaldes alle for hjælpere. Derudover vil elever, der er i gang
med en uddannelse, også komme i dit hjem.

Tavshedspligt

5 Hjælperen får i kraft af sit arbejde kendskab til personlige
og private forhold i hjemmene. Alle hjælpere i døgnplejen

---

1) **medarbejdere med forskellig uddannelse** 〈異なった教育をもつ
職員〉：medarbejdereはmedarbejder (-en, -e) の複数未知形． forskellig
は形容詞forskellig (-t, -e)〈異なった〉の未知形単数共性形で，後続の共
性名詞の単数形であるuddannelse (uddannelse (-n, -r)〈教育，訓練〉) に
性・数の一致をしている． **De kaldes alle for hjælpere**〈彼らは皆ヘ
ルパー呼ばれている〉：deはmedarbejderne〈それらの職員たち〉を指
す3人称複数の人称代名詞． alleは不定代名詞al (alt, alle)〈すべての〉
の複数形の名詞的用法で，主語deと同格． kaldes for ～〈～と呼ばれて
いる〉：kaldesはkalde^{II} (kaldte, kaldt) のs-受動形の現在形：kalde A B/
kalde A for B〈AをBと呼ぶ〉． 2) **Derudover**〈それに加えて，さら
に〉：副詞．〈ヘルパーと呼ばれる職員のほかに〉の意．この副詞が文頭
に置かれているので，主語elever, ... uddannelseと定形動詞vilとが倒置
されている． **vil ... komme i dit hjem**〈あなたのお宅に来る・行くで
しょう〉：vilは法助動詞ville (vil, ville, villet) の現在形で，法助動詞の二
次的用法，すなわち陳述緩和用法の「単純未来」を表す．このvilが法助
動詞の本来的用法の「意志」や「願望」の意味ではないということは，
komme+方向の副詞的語句（i dit hjem〈あなたの家・お宅に〉）が後続
していることからわかる．つまり，vilが「意志」や「願望」を表す場合
にはkommeを省略してvil i dit hjemとなるからである． **elever, der
... uddannelse**〈教育を始めている / 教育の最中である見習たち〉：文
Derudover ... hjemの主語． der以下はeleverを先行詞とする関係節で，
derは関係節中の主語． er i gang med ～〈～を始めている，～の最中

地域を担当しております．各グループは様々な教育背景を持つ職員で構成されています．これらの職員は全員ヘルパーと呼ばれております．それ以外に，教育を目下受ている最中の見習いもお宅をお訪ねします．

守秘義務

ヘルパーは自らの仕事のゆえに，諸家庭内の個人的かつ私的な事情を知ることになります．24時間ケアの全ヘルパーには守

である〉：ちなみに，gå i gang med ～, komme i gang med ～ は〈～を始める〉． 3) **også** 〈もまた〉：ここでは主語を修飾している． 4) **tavshedspligt** 〈守秘義務〉：tavshedspligt (-en, -er) は tavshed (-en)〈沈黙〉と pligt (-en, -er)〈義務〉との合成名詞．tavshed は形容詞 tavs〈黙っている，無口な〉に抽象名詞派生の接尾辞 -hed が付いたもの． 5) **får kendskab til ～** 〈～を知る，～の知識を得る〉：前置詞 til の目的語は personlige ... hjemmene. får は få (fik, fået)〈手に入れる，もらう〉の現在形．kendskab(-et)〈知識〉．ちなみに，have (har, havde, haft) kendskab til ～〈～を知っている〉． **i kraft af sit arbejde**〈自分の仕事の力によって〉：前置詞句，副詞句．i kraft af ～ 〈～の力によって，～のおかげで〉：kraft (-en, kræfter)〈力〉．sit は 3 人称単数主語 hjælperen を指す再帰所有代名詞 sin (sit, sine) の単数中性形で，後続の中性名詞の単数形 arbejde (arbejde (-t, -r) を限定し，これに性・数に関して呼応している． **personlige og private forhold** 〈個人的な，そして私的な事情〉：personlige と private は共に形容詞の未知形複数形で後続の forhold を修飾している．forhold (-et, -)〈事情，状況〉は単複同形であるが，先行する形容詞 personlige と private の形から，forhold はここでは複数形であることがわかる． 6) **i hjemmene** 〈それらの家・家庭における〉：personlige og private forhold を修飾．hjemmene は hjem (-met, -)〈家，家庭〉の複数既知形． **Alle hjælpere i døgnplejen**〈24時間ケアの（中にいる）すべてのヘルパーは〉：文の主語．alle：不定代名詞 al (alt, alle)〈すべての〉の複数形で形容詞的用法．

har tavshedspligt og må ikke udtale sig til udenforstående om brugere eller forhold i hjemmene. Derfor kan du være helt tryg ved, at private oplysninger ikke går videre til andre brugere, ligesom du selv skal undlade at udspørge
5 hjælperen om forhold hos andre brugere. Hjælperen må ikke indvie dig i eventuelle personlige problemer, og du

---

1) **må ikke**〈してはいけない〉:måは法助動詞måtte (må, måtte, måttet)の現在形で否定辞（例えばikke）と結びつくと「禁止」を表す. **udtale sig (om ～)**〈(～について) 言う；自分の意見を述べる，発言する；声明する〉:再帰動詞. ud・tale^{II} (-talte, -talt) 自体は他動詞で，〈(公式に) 述べる；言葉で表現する〉と〈発音する〉の意味がある. **til udenforstående**〈部外者に〉:udenforståendeは不変化形容詞の名詞的用法であるが，ここでは複数形. 副詞udenfor〈外で・に〉と動詞stå〈立っている〉の現在分詞ståendeとの合成による形容詞. 2) **om brugere eller forhold i hjemmene**〈利用者たち，あるいはそれらの家庭における諸事情について〉:brugereはbruger (-n, -e)〈利用者〉の複数形で〈24時間ケアの利用者〉を指す. **Derfor**〈したがって〉:この副詞が文頭にあるために，主語duと定形動詞kanが倒置されている. **kan være ～**〈～でいられる〉. 3) **helt tryg ved ～**〈～のことをまったく安心して〉:trygは述語（主語の補語）であり，形容詞tryg (-t, -ge)〈安心した〉の未知形単数共性形で主語の性・数に呼応している. すなわち，主語duは共性・単数扱いである. heltは形容詞hel (-t, -e)〈すべての，全体の，まる（ごと）の〉の未知形単数中性形から派生した副詞で，ここでは形容詞trygを修飾し，その程度を強めている. **at ... andre brugere**〈あなた自身が他の利用者たちのところの事情についてヘルパーから聞き出すことを慎まなければならないのと同様に，個人的な諸情報が他の利用者たちのところに届かないということ〉:at-節全体が先行の前置詞vedの目的語となっている従位節であるが，この従位節の中にさらにもう1つの従位節ligesom ...brugereが組み込まれている. これら2つの従位節

秘義務があり，部外者に利用者に関することや，家庭内の事情に関することを話してはなりません．したがって，個人的な情報が他の利用者の耳に入ることはありませんので，ご安心ください．また同様に，あなたご自身もヘルパーに他の利用者の家（うち）の事情を聞き出そうとなさるようなことはお控えください．ヘルパーは，仮に個人的問題があったとしても，あなたに打ち明けてはなりませんし，あなたはヘルパーにプライベート

は中域副詞の位置から，従位節であることが明瞭にわかる．つまり，at-節では否定辞（否定の副詞）が従位節中の中域副詞の位置（すなわち，主語の直後で定形動詞の直前）に置かれている．また，ligesomの副詞節では代名詞 selv〈自分自身〉が中域副詞の位置に置かれている．**oplysninger**：oplysning (-en, -er) の複数未知形．　**går videre til ~**〈~のところまでさらに先に進む〉：gå (gik, gået)〈歩（いて行）く，（乗り物などが）行く，進む〉．　videre〈さらに先へ〉：副詞；元来，形容詞 vid〈広い〉の比較級videreに由来する形容詞 videre〈より広い；さらなる〉から生じた副詞．　**andre brugere**〈他の利用者たち〉：andreは不定代名詞anden (andet, andre)〈ほかの，他の〉の複数形の形容詞的用法．4) **ligesom**〈~と同様に〉：従位接続詞．　**skal**：「要求・必要」の意．　**undlade at ~**〈~することをしないでおく，よす；慎む，控える〉：und·lade (-lod, -ladet)．　**udspørge ~ om ...**〈~から…のことを聞き出す〉：ud·spørge (-spurgte, -spurgt)．5) **forhold hos andre brugere**〈他の利用者たちの家の諸事情〉：forholdはforhold (-et, -) の複数形．　hosは〈~のところで・に（家，店，会社等における）〉を意味する前置詞．**Hjælperen ... problemer**〈ヘルパーは場合によってはありえる個人的な問題をあなたに知らせてはならない〉：indvie ~ i ...〈~に…（秘密など）を知らせる〉：ind·vie[1] (-viede, -viet)，不定詞は indvi とも綴る．eventuelle：evnetuel (-t, -le)〈場合によってはありえる・起こりうる〉の未知形複数形でproblemerを修飾する．problemer：problem (-et, -er)〈問題，難問〉の複数形．

må ikke kontakte hjælperen privat. Privatlivet skal respekteres hos begge parter.

Selv om hjælperen eventuelt holder op med at arbejde i døgnplejen, har hjælperen stadig tavshedspligt.

5 Indflydelse

Er du utilfreds med den hjælp, du har fået tildelt, kan du skrive til Helsingør Kommune, Klagerådet og sende

---

1) **kontakte** 〜 〈〜と連絡をとる〉：kontakte¹ (kontaktede, kontaktet). **privat**〈個人的に，私的に，プライベートで〉：副詞．元来，形容詞privatの副詞的用法． **Privatlivet**〈私生活（というもの）は〉：privatliv (-et, -)の単数既知形．形容詞privatとliv (-et, -)〈生活〉との合成名詞． **skal respekteres**〈尊重されねばならない〉：skalは「要求・必要」を表す．respekteresはrespektere¹ (respekterede, respekteret)〈尊重する；尊敬する〉のs-受動形の不定詞． 2) **hos begge parter**〈両者において〉：〈両者ともの私生活〉すなわち〈あなたとヘルパー，双方の私生活〉． begge：〈両方の，双方の〉の意の不定代名詞． parterはpart (-en, -er)〈側，サイド，方〉の複数形． 3) **Selv om ... i døgnplejen**〈たとえヘルパーがひょっとすると24時間ケアで働くことをやめても〉：譲歩文．「譲歩」の従位接続詞selv om（あるいは1語でselvomと書く）で始まる従位節で，これが文頭にあるために，文の主語hjælperenと定形動詞harが倒置されている． eventuelt〈場合によると，ひょっとして〉：副詞． holder op med at 〜〈〜することをやめる〉：holde (holdt, holdt) op〈終わる，やむ〉． holde自体は〈保持している，持っている；持続する〉の意． arbejde¹ (arbejdede, arbejdet)〈働く，仕事をする〉． 4) **stadig**〈あいかわらず；やはり〉：副詞． 5) **indflydelse** (-n, -r)〈発言権；影響（力）〉． 6) **Er ... tildelt**：節を接続詞hvis〈もしも〉で始めるのではなく，主語と定形動詞を倒置することで条件節の意味を持つ倒置条件節．この従位節が文頭

で連絡をとってはいけません．私生活は，双方ともに尊重されなければなりません．

　ヘルパーが，場合によっては24時間ケアの仕事を辞めることがあるかもしれませんが，辞めた後もヘルパーには守秘義務があります．

発言権

　もし，割り当てられた援助に対してご不満がおありの場合には，ヘルスィングエーア・コムーネの不服審査委員会宛に一筆

にあるために文の主語 du と定形動詞 kan が倒置されている．　　**er utilfreds med** ~ 〈~に不満足である〉：〈~に満足である〉は er tilfreds med ~. utilfreds (-/(-t), -e) は tilfreds (-/(-t), -e) に否定の接頭辞 u- が付いたもの．　　**den hjælp, du har fået tildelt**〈あたなが割り当ててもらった援助〉：指示代名詞 den は後方の制限的関係節 du har fået tildelt に照応している．　hjælp と du との間には関係節中の目的語である関係代名詞 som が省略されている．〔få+目的語+他動詞の過去分詞〕あるいは〔få+他動詞の過去分詞+目的語〕は 〈~を…してもらう/される〉であり， (som) du har fået tildelt はこれらの構文の現在完了であり du har fået (som) tildelt あるいは du har fået tildelt (som) と解釈できる． til·dele^{II} (-delte, -delt) A B 〈A に B を割り当てる；与える〉．　　**kan du skrive til ... Klagerådet**〈あなたは不服審査委員会宛に手紙を書くことができる〉：skrive (skrev, skrevet)〈手紙を書く〉．　til ~〈~宛に〉．Klagerådet〈不服審査委員会〉：klage (-n, -r)〈不服〉と råd (-et, -)〈委員会〉との合成名詞．　7) **sende brevet til** ~〈その手紙を~に送る〉：sende^{II} (sendte, sendt)〈送る〉．不定詞 sende は kan du skrive の法助動詞 kan に続く．brevet は brev (-et, -e)〈手紙〉の単数既知形で，〈あなたがヘルスィングエーア・コムーネの不服審査委員会宛に書いた手紙〉を指す．

brevet til områdeledelsen i dit lokalområde. Se adressen på bagsiden.

Her kan du henvende dig
Hvis du ønsker at få mere at vide eller drøfte eventuelle
5 tvivlsspørgsmål, er du velkommen til at tale med din hjælper eller kontakte distriktssygeplejersken i dit lokalområde.

---

1) **områdeledelsen** 〈地域管理部〉：単数既知形． områdeledelse (-n, -r) は område (-t, -r) 〈地区，地域〉 と ledelse (-n,-r) 〈管理部，指導部，執行部〉との合成名詞． **i dit lokalområde** 〈あなたの居住地域の中の〉：dit は 2 人称単数の所有代名詞 din (dit, dine) の単数中性形で，後続の lokalområde を限定し，これに性・数を呼応させている． lokalområde (-t, -r) は形容詞 lokal (-t, -e)〈地元の，（居住）地域の〉と område との合成語． **Se adressen på bagsiden** 〈裏面の住所を見よ〉：se は se (så, set) 〈見える；見る〉の命令形． adressen：adresse (-n, -r) 〈住所〉の単数既知形． på bagsiden 〈裏面にある〉：på は 〈～の上に・で〉の意の前置詞． bagsiden：bagside (-n, -r) の単数既知形；副詞 bag 〈後ろに・で〉と side (-n, -r)〈面；ページ〉との合成名詞． 3) **Her kan du henvende dig** 〈ここであなたは問い合わせをすることができます〉：副詞 her 〈ここで〉をテーマ化し，文頭に置いているので，文の主語du と定形動詞kan とが倒置されている． henvende dig：再帰動詞 hen·vende[II] (-vendte, -vendt) sig 〈問い合わせる〉の主語が du であるために再帰代名詞が dig となっている． 4) **Hvis ... tvivlsspørgsmål**〈もしもあなたがもっと知ることを望んだり，あるいは場合によってはありえる疑問点を話し合いたいと望むならば〉：ønsker at ～ 〈～することを望む〉：ønsker に続く at-不定詞は få と drøfte． få ～ at vide 〈～を知る〉：få (fik, fået) 〈手に入れる，もらう〉． vide (ved, vidste, vidst)〈知っている〉． mere〈より多くのこと〉：形容詞meget〈たくさんの〉の比較級mereの名詞的用法．

お書きになり，その書状をあなたの居住地域の地域管理部まで送ることも可能です．住所は［このパンフレットの］裏面をご覧ください．

問い合わせ

もっと詳しくお知りになりたい場合や，疑問に思われる点がございましたら，お気軽にあなた付きのヘルパーにお話になるか，あるいは，あなたの居住地域の地区担当看護師と連絡をとってください．

---

eller 〈あるいは〉：等位接続詞． drøfte^I (drøftede, drøftet) 〜 〈〜を話し合う；討論する〉． eventuelle：evnetuel (-t, -le) 〈場合によってはありえる・起こりうる〉 の未知形複数形で後続の名詞の複数形 tvivlsspørgsmål を修飾する． tvivlsspørgsmål (-et, -) 〈論点；疑問点〉は tvivl (-en, -) 〈疑問〉と spørgsmål (-et, -) 〈質問，問題〉との合成名詞． 5) **er du velkommen til at** 〜 〈あなたは自由に〜してよい〉：条件文 Hvis ... が文頭にきているので，主語 du と定形動詞 er が倒置されている．velkommen は文の述部（主語に対する補語）であるので，主語の性・数に呼応して vel・kommen (-komment, -komne) の未知形単数共性形． at は tale ... と kontakte ... との両方に続く． **tale med din hjælper** 〈あなたのヘルパーと話をする〉：tale^{II} (talte, talt) 〈話す；話をする，話し合う〉．
6) **eller** 〈あるいは，または〉：等位接続詞． 22) **kontakte distriktssygeplejersken** 〈地区担当看護師と連絡を取る〉：kontakte^I (kontaktede, kontaktet)． distriktssygeplejersken：単数既知形．distriktssygeplejerske (-n, -r) は distrikt (-et, -er) 〈地区〉と sygeplejerske (-n, -r) 〈看護師〉との合成名詞．各地区に distriktssygeplejersken は1人しかいないので，単数既知形になっている． **i dit lokalområde** 〈あなたの居住地域の中の〉：dit は2人称単数の所有代名詞 din (dit, dine) の単数中性形で，後続の lokalområde を限定し，これに性・数を呼応させている． lokalområde (-t, -r) は形容詞 lokal (-t, -e) 〈地元の，（居住）地域の〉と område との合成語．

■ **Område Nord Bøgehøjgård - Teglværksgården**
Holmegårdsvej 50, 3100 Hornbæk
Tlf. 49 70 24 44

■ **Område Indre By Hammershøj**
Trækbanen 2, 3000 Helsingør
Tlf. 49 28 22 96 eller tlf. 49 28 22 98

■ **Område Nordvest**
Grønnehavevej 29, 3000 Helsingør
Tlf. 49 28 38 89

---

1) **Område Nord** 〈北部地域〉：område (-t, -r)〈地域〉．nord〈北〉：名
詞．nord には副詞 〈北に・へ〉 の意味もある．**Bøgehøjgård -
Teglværksgården**：ヘルスィングエーア・コムーネの北部地域にはデイ
センターが2つあり，その1つはHornbækという町にあるBøgehøjgård
という名称のデイセンターであり，もう1つはÅlsgårdeという町にあ
るTeglværksgårdenという名称のデイセンターである．北部地域を担当
するdistriktssygeplejerske〈地区担当看護師〉は，しかしながら1名の
みで，本テキスト中の住所から判断すると，HornbækのBøgehøjgårdに
配置されているようである．BøgehøjgårdとTeglværksgårdenという名
称は両者ともにかつての館の名前にちなんだものであり，普通名詞gård
(-en, -e)〈農場；荘園；館〉を含むが，前者は名詞のゼロ形 -gård，後者
は単数既知形 -gårdenとなっている．2) **Holmegårdsvej 50**〈ホルメゴ
ースヴァイ(通り)50番地〉．50:halvtreds．**3100**:郵便番号．enogtredive
hundredeあるいはenogtredive nul nulと読む．外国からデンマークに郵
便物を送る場合には，DK-3100のように，デンマークを表すDK-を郵便

— 56 —

北部地域：[施設名] ベーエホイゴー・タイルヴェアクスゴーン
Bøgehøjgård - Teglværksgården
[住所]　　　Holmegårdsvej 50, 3100 Hornbæk
　　　　　　電話　49 70 24 44

■　市街地地域：[施設名] ハマスホイ　**Hammershøj**
[住所]　　　Trækbanen 2, 3000 Helsingør
　　　　　　電話　49 28 22 96　または　電話　49 28 22 98

■　北西部地域：
[住所]　　　Grønnehavevej 29, 3000 Helsingør
　　　　　　電話　49 28 38 89

番号の前に加えると，より確実である．　**Hornbæk**〈ホーンベク〉：Helsingør Kommune〈ヘルスィングエーア・コムーネ〉内の町の名称で，ここでは郵便区 (postdistrikt) として用いられている．3) **Tlf.**：telefon (-en, -er)〈電話〉の略．　**49 70 24 44**：デンマークの電話番号はこのように 2 桁の数字をひとまとまりとし，それぞれの 2 桁の数字の間にスペースを開けて表記する．したがって，電話番号の読み方も 49 70 24 44 (niogfyrre halvfjerds fireogtyve fireogfyrre) のようになる．なお，例えば上記の番号の49は市外局番であるが, 現在では, 市外からかける場合ばかりではなく, 同一市内にかける場合にも，この市外局番を含めた 8 桁の番号をダイヤルしなくてはならない．　4) **Indre By**〈市街地〉，すなわち〈町の中心部〉：形容詞 indre (不変化)〈内側の, 内部の〉が名詞 by (-en, -er)〈町〉を修飾．　6) **49 28 22 96**：niogfyrre otteogtyve toogtyve seksoghalvfems．　**98**：otteoghalvfems．　7) **Nordvest**：nordvest (名詞・副詞)〈北西 (へ・に)〉．　8) **29**：niogtyve．　**3000**：tre tusind と読む．
9) **49 28 38 89**：niogfyrre otteogtyve otteogtredive niogfirs．

■ **Område Snekkersten Poppelgården**
Nørrevej 95, 3070 Snekkersten
Tlf. 49 22 31 41

■ **Område Syd Strandhøj**
5 Gylfesvej 17, 3060 Espergærde
Tlf. 49 28 26 20

---

1) **Snekkersten**:町名, 地区名, 郵便区名. 2) **95**:femoghalvfems.
3070:tredive halvfjerdsと読む. 3) **49 22 31 41**:niogfyrre toogtyve
enogtredive enogfyrre. 4) **Syd**：syd (名詞・副詞) 〈南 (へ・に)〉. 5)

■　スネカスティーン地域：[施設名] ポペルゴーン　**Poppelgården**
[住所]　　　Nørrevej 95, 3070 Snekkersten
　　　　　　電話　49 22 31 41

■　南部地域：[施設名] ストランホイ　**Strandhøj**
[住所]　　　Gylfesvej 17, 3060 Espergærde
　　　　　　電話　49 28 26 20

17:sytten.　　**3060**:tredive tresと読む.　　6) **49 28 26 20**:niogfyrre otteogtyve seksogtyve tyve.

Helsingør Kommune

Helsingør Kommune　Stengade 59, 3000 Helsingør

For alle forvaltninger gælder åbningstiderne:
Personlig henvendelse:
5　　Mandag - onsdag　　　9.30 - 14.30
　　Torsdag　　　　　　　9.30 - 16.45
　　Fredag　　　　　　　　9.30 - 12.00

Telefontider:
　　Mandag　　　　　　　8.00 - 15.00
10　Tirsdag - onsdag　　　 8.00 - 16.00
　　Torsdag　　　　　　　8.00 - 17.00
　　Fredag　　　　　　　　8.00 - 12.30

---

2) **59**：nioghalvtreds.　　**Stengade 59**：〈～通りに・で〉というように「通り」を表す名詞の前に置かれる前置詞は、-gadeの場合はiであり、-vejの場合はpåである．したがって〈彼は～通りに住んでいる〉は、例えばHan bor i Stengade 59. や Han bor på Holmegårdsvej 50. のようになる．ただし、コペンハーゲンにある -brogadeの場合は例外で、前置詞はpåである：例、Han bor på Vesterbrogade. 3) **For ... åbningstiderne** 〈あるゆる局に次の業務時間が適用される〉：for alle forvaltninger 〈あるゆる局に〉がテーマ化され、文頭に置かれているので、定形動詞gælderと主語åbningstiderneが倒置されている．ふつうの語順ではÅbningstiderne gælder for alle forvaltninger. となる．　alle：不定代名詞al (alt, alle)〈あるゆる，すべての〉の複数形で後続のforvaltninger (forvaltning (-en, -er)〈局〉) に呼応している．　gælde (gjaldt, gjaldt/gældt) for ～ 〈～に当てはまる・適用される〉．　åbningstiderne：åbningstid (-en, -er)〈開いている時間，会館時間，営業時間，業務時間〉の複数既知形．〈以下に示すような業務時間〉という意味で既知形になっている．
4) **personlig henvendelse** 〈個人的な問い合わせ〉：ここでは「直接に窓口

ヘルスィングエーア・コムーネ

[住所] Helsingør Kommune　Stengade 59, 3000 Helsingør

すべての局の業務時間は以下のようです.

窓口でのお問い合わせ

月曜 – 水曜	9:30 - 14:30
木曜	9:30 - 16:45
金曜	9:30 - 12:00

電話によるお問い合わせ

月曜	8:00 - 15:00
火曜 – 水曜	8:00 - 16:00
木曜	8:00 - 17:00
金曜	8:00 - 12:30

に出向いて行き問い合わせること」を指している．　personlig：形容詞の未知形単数共性形；henvendelse (-n, -r) 〈問い合わせ〉を修飾し，これに呼応している．　5) **mandag**：曜日の名称は次のようである．　mandag〈月曜日〉，tirsdag〈火曜日〉，　onsdag〈水曜日〉，　torsdag〈木曜日〉，　fredag〈金曜日〉，　lørdag〈土曜日〉，　søndag〈日曜日〉．　**9.30 - 14.30**〈9:30 – 14:30〉：(fra) ni tredive til fjorten tredive あるいは (fra) halv ti til halv tre (om eftermiddagen) と読む．　6) **16.45**：seksten femogfyrre あるいは kvart i fem (om eftermiddagen) または kvarter i fem (om eftermiddagen) と読む．　7) **12.00**：tolv nul nul あるいは tolv．　8) **telefontider**〈電話時間〉すなわち〈電話でのお問い合わせ時間；電話での受付時間〉のこと：複数未知形．　telefontid (-en, -er) は telefon (-en, -er)〈電話〉と tid (-en, -er)〈時間〉との合成名詞．　9) **8.00**：otte nul nul あるいは otte．　**15.00**：femten nul nul あるいは tre (om eftermiddagen)．　10) **16.00**：seksten nul nul あるいは fire (om eftermiddagen)．　11) **17.00**：sytten nul nul あるいは fem (om eftermiddagen)．　12) **12.30**：tolv tredive あるいは halv et (om eftermiddagen)．

Telefon 49 28 28 28

Ring direkte: 49 28 + xx xx (firecifret lokalnummer)

Onsdag har Social- og Sundhedsforvaltningen samt Børne- og Ungeforvaltningens pladsanvisning dog **lukket** for
⁵ personlig henvendelse.

Onsdag har Bygningsinspektoratet i Teknisk Forvaltning **lukket** for telefonhenvendelse.

---

1) **49 28 28 28**：niogfyrre otteogtyve otteogtyve otteogtyve.　　2) **Ring direkte**〈直接に電話をかけよ〉：ringは動詞ringe¹ (ringede, ringet)〈電話をする〉の命令形.　direkte〈直接に〉：副詞.　　**firecifret**〈4桁の〉：後続のlokalnummerを修飾する形容詞；名詞ciffer (cifferet/cifret, cifre)〈数字〉を参照.　**lokalnummer**：lokal・nummer (-nummeret/-numret, -numre)〈部局の番号〉のゼロ形.　形容詞lokal〈部局の〉とnummer (nummeret/numret, numre)〈番号〉との合成名詞.　lokalnummerには〈内線番号〉の意味もあるが, ここでは最初の4桁49 28がヘルスィングエーア・コムーネの役所の各局に共通の番号であり, 下4桁が各部局によって異なることを示している.　3) **Onsdag ... henvendelse**〈水曜日には, 社会福祉・保健局, 加えて児童・青少年局の保育所入所調整課は, しかしながら個人的問い合わせについては閉まっている〉：onsdag〈水曜日には〉：名詞を副詞的語句として用いている. 意味上はom onsdagenと同じ.　副詞的語句onsdagが文頭に置かれているので, 主語Social- og Sundhedsforvaltningen〈社会福祉・保健局〉samt Børne- og Ungeforvaltningens pladsanvisning〈児童・青少年局の保育所入所調整課〉と

電話 49 28 28 28
直通 49 28 XX XX（4桁の各部局の番号）

　水曜日は，社会福祉・保健局，さらに児童・青少年局の保育所入所調整課では，しかしながら，窓口でのお問い合わせは受け付けておりません．

　水曜日は，技術局の建築物検査課では，電話によるお問い合わせは受け付けておりません．

定形動詞harが倒置されている． forvaltning (-en, -er)〈局〉． **samt**〈そして；加えて〉：接続詞． 4) **pladsanvisning**：plads (-en, -er)〈場所；席；定員〉と anvisning (-en, -er)〈割り当て(ること)〉との合成名詞．具体的には，保育所入所の順番等を決定する部署． **har lukket**〈閉まっている，閉館している，閉店している；営業していない〉：lukketは形容詞lukket〈閉まっている〉の未知形単数中性形で，名詞的用法（⇔ har åbent〈開いている，開館している，開店している，営業している〉：åbentは形容詞åben〈開いている〉の未知形単数中性形で，名詞的用法）． har lukket for ～〈～を閉めている，～の営業をしていない，～の業務をしていない〉． **dog**〈しかしながら〉：副詞． 5) **personlig henvendelse**〈個人的な問い合わせ〉． 6) **Bygningsinspektoratet i Teknisk Forvaltning**〈技術局の中にある建築物検査課〉：主語．bygningsinspektoratetは単数既知形：bygning (-en, -er)〈建物，建築物〉と inspektorat (-et, -er)〈検査課；監督課〉との合成語． 7) **telefonhenvendelse**〈電話による問い合わせ〉：telefon (-en, -er) と henvendelse (-n, -r)〈問い合わせ〉との合成名詞．

Helsingør Kommune

Fakta om service

Dagcentre

Serviceområde Social- og Sundhed

II．準中級篇

（準中級者用の注）

Kontanthjælp
Dagcentre

Fakta om service - Kontanthjælp
Serviceområde Social og Sundhed

Kontanthjælp er den økonomiske ydelse, du kan modtage
fra Helsingør Kommune, hvis der sker ændringer i dine
5 forhold, som forhindrer dig i at skaffe det fornødne til din
egen eller din families underhold. Reglerne for udbetaling
af kontanthjælp findes i Bistandslovens paragraf 37-41.

Servicemål
Hvis du bliver ledig og er berettiget til et aktiveringstilbud,
10 vil du i Helsingør Kommune få:

---

1) **Kontanthjælp** 〈現金援助金〉：kontant 〈現金〉と hjælp 〈援助〉の合成名詞．現金援助金とは，自己の状況の変化によって，自己あるいは家族の生計維持費を得ることが困難になった者に対して支払われる援助金．bistandshjælp 〈社会支援法による援助金〉という俗称で呼ばれることもある．3) **den økonomiske ydelse** 〈経済的な付与〉：ydelse は動詞 yde 〈与える；支払う〉から派生した名詞である．経済的な給付ということで，援助金と訳される．また，コンマの後にこの den økonomiske ydelse を先行詞とする関係代名詞 som が省略されている．4) **Kommune**：Kommune 〈コムーネ〉は日本の市町村に相当するものである．**dine forhold** 〈あなたの状況〉：forhold は単複同形であるが，ここでは所有代名詞 dine が複数形になっていることからも分かるように，複数形である．5) **som**：ændringer i dine forhold を先行詞とする関係代名詞で，関係節中の主語である．**forhindrer dig i at** ～ 〈あなたが～することを妨げる〉：forhindre A i B で 〈A が B することを妨げる〉という熟語．**det fornødne** 〈必要なもの〉：fornødne は fornøden の既知形．det + 形容詞

サービスの概況　現金援助金
サービス分野　社会福祉・保健

　現金援助金とは，あなたの状況に変化が生じ，その結果，あなた自身，あるいはあなたのご家族の生計に必要な収入をあなたが調達するのを妨げられる場合，あなたがヘルスィングエーア・コムーネから受け取ることのできる援助金のことです．現金援助金の支払いに関する諸規定は社会支援法の第37条-41条にあります．

サービスの目標
　もしあなたが職をなくして，職業能力促進の提供を受ける権利がある場合には，ヘルスィングエーア・コムーネでは次のものを受けることができます．

で名詞として扱われる．ここでは必要となる収入のことである．　7) **findes**：findesはsで終わる形となっているが，受動の意味は持たない．日本語として〈みられる〉と訳されることもあるが，〈存在する〉という意味である．**Bistandslovens**〈社会支援法の〉：Bistandslovの単数既知形の所有格．bistand〈援助〉とlov〈法〉の合成名詞．正式名称はlov om social bistand〈社会支援に関する法律〉という．1974年に制定され，1976年に施行．この法律は枠組みを規定しているだけで，具体的なところはコムーネに任せている．9) **ledig**〈失業中の〉：ふつうは〈空いている〉といった意味に使われる．**er berettiget til** ~〈~の権利がある〉：berettige A til Bで〈AにBの権利を与える〉という意味で，ここではその過去分詞が形容詞に派生している．**aktiveringstilbud**〈活動的にさせるサービスの提供〉：aktiveringとtilbudの合成名詞．aktiveringは動詞aktivere〈活性化する，活動的にする〉から派生した名詞である．10) **vil du**：文頭にHvisで始まる従位節があるため，主語と定形動詞が倒置されている．

- Et aktiveringstilbud inden for 2-7 dage efter, din ansøging om kontanthjælp er bevilget.
- Et tilbud om aktivering i et halvt år ad gangen i 30-37 timer om ugen, indtil du igen kommer i almindeligt arbejde eller under uddannelse.
- En samtale med en vejleder hver 3. måned i aktiveringsperioden om mulighederne for at forbedre din fremtidige arbejds- og/eller uddannelsessituation.
- Udarbejdet en handlingsplan efter 6 måneder på kontanthjælp eller aktivering, hvis du er over 25 år.

Du kan få kontanthjælp, hvis du
- Mister dit arbejde og ikke er dagpengeberettiget.

---

1) **efter, din ansøgning**：コンマのあとに従位接続詞atが省略されている． 2) **er bevilget**〈承認された〉：bevilge A B〈AにBを承認する〉という意味である．ここではer blevet bevilgetという現在完了形のblevetが省略された形となっている． 3) **et halvt år**〈半年〉：形容詞halv〈半分の〉は，不定冠詞を伴った中性名詞årを修飾するため未知形単数中性形となっている．**ad gangen**〈～ごとに〉 4) **om ugen**〈1週あたり〉．**almindeligt**〈一般的な〉：定冠詞や指示代名詞などによって限定されていない中性名詞arbejdeを修飾するため，未知形単数中性形となっている． 6) **hver 3. måned**〈3ヶ月毎に〉：hver tredje månedと読む．つまり，3.は序数tredjeを表わしている． 7) **aktiveringsperioden**〈職業能力促進期間〉：単数既知形．aktiveringとperiode〈期間〉の合成名詞． 8) **fremtidige**〈将来の〉：前に所有代名詞dinがあるため既知形となっている．**arbejds- og/eller uddannelsessituation**〈職業，かつ/あるいは

- あなたの現金援助金の申し込みが承認された後，2‐7日間のうちに職業能力促進の提供を受けること．
- あなたが再び一般的な仕事に就いたり，あるいは教育を受けるようになるまで，半年毎に週に30‐37時間，職業能力促進の提供を受けること．
- 職業能力促進期間中，3ヵ月毎に，あなたの将来の職業，かつ／あるいは教育の状況を改善する可能性に関して，指導員と話し合いを持つこと．
- もしあなたが25才以上の場合，現金援助金，あるいは職業能力促進の開始6ヵ月後に行動計画を作成してもらうこと．

次のような場合に現金援助金を受けることができます．もしあなたが，

- 仕事をなくし，そして失業日割り手当を受ける権利がない場合．

教育の状況〉：arbejds- はarbejdssituationを意味する．次に続く合成語と重なる部分はハイフンを示すことによって省略できる．arbejdeは合成語を作る際，arbejds-となる．9) **Udarbejdet**：上記vil du i Helsingør Kommune fåに続くものである．få udarbejdetで〈作成してもらう〉という意味になる．この場合fåは助動詞の働きをし，få＋過去分詞で〈～してもらう〉という意味を持つ．**handlingsplan** 〈行動計画〉：handlingとplanの合成名詞．**på kontanthjælp** 〈現金援助金を受けている状態〉：være på kontanthjælp〈現金援助金を受けている〉という熟語があることから，påという前置詞が置かれている．11) **kan**：「可能」を表す．12) **dagpengeberettiget** 〈失業日割り手当を受ける権利のある〉：未知形単数共性形．dagpenge〈日割り手当〉とberettigetの合成語．dagpengeとは日割りで計算して支給される手当てのことで，失業・出産・疾病時などの種類がある．ここでは失業における日割り手当を指す．

- Mister din mulighed for at arbejde på grund af sygdom og ikke er berettiget til sygedagpenge
- Mister din mulighed for at arbejde på grund af manglende børnepasning.

Du må ikke have formue. Der kan i særlige tilfælde ses bort fra opsparing til uddannelse eller bolig. Desuden skal du udnytte alle dine muligheder for at komme i arbejde igen, være tilmeldt arbejdsformidlingen og stå til rådighed for arbejdsformidlingens tilbud om arbejde.

Det kan du få i kontanthjælp

Grundtakster pr. 1. januar 1997 før skat

Forsørgere	9.122 kr. pr. md.
Ikke forsørgere	6.847 kr. pr. md.
Hjemmeboende unge under 25 år	2.148 kr. pr. md.

---

1) **mulighed for at** 〜〈〜をする可能性〉. **på grund af** 〜〈〜が原因で〉. 2) **ikke er** 〜：サブタイトルにある hvis du の後に続くために従位節中の語順となり, 中域副詞ikkeが主語のすぐ後に置かれている. **sygedagpenge** 〈疾病日割り手当〉：sygとdagpengeの合成名詞. 4) **manglende** 〈不足した〉：動詞 mangle 〈不足する〉の現在分詞 manglende から派生した形容詞. **børnepasning**〈保育〉：børnとpasningの合成語. pasning は動詞 passe〈面倒を見る〉から派生した名詞. 子供の面倒を見ること＝保育となる. 5) **må**：否定辞(ここではikke)を伴って禁止を表す. **ses bort fra** 〜〈〜は問題とされない〉：se bort fra 〜 で〈〜を問題としない；無視する〉という意味があり, ここではs-受動形となっている. 6) **opsparing til** 〜〈〜のための貯蓄〉：opsparingはspare op〈貯蓄する〉から派生した名詞である. **Desuden skal du**：文頭に副詞 desuden があ

■ 病気が原因で働く可能性をなくし,そして疾病日割り手当を受ける権利がない場合.
■ 保育の不足が原因で働く可能性をなくす場合.

あなたに財産があってはなりません.特別な場合には,教育を受けるための貯蓄や住宅購入のための貯蓄は[これから]除外されます.さらに,あなたは,再び職に就くために,あらゆる可能性を用いねばなりませんし,職業安定所に登録して,職業安定所から提供される職に対していつでも受け入れられる状態でいなければなりません.

現金援助金で受けられる額
1997年1月1日現在で課税前の基礎額

扶養義務のある者	月あたり	9,122クローネ
扶養義務のない者	月あたり	6,847クローネ
自宅に住む25才未満の若年者	月あたり	2,148クローネ

るために主語と定形動詞の倒置が起こっている.また,このskalに続く動詞はudnytteとværeとståとなる. 8) **arbejdsformidlingen**〈職業安定所〉:単数既知形. arbejdeとformidlingの合成名詞. formidlingは動詞 formidle〈仲介する,調整する〉から派生した名詞. **stå til rådighed for** ~〈~の意のままになる〉. 11) **Grundtakster**〈基礎額〉:複数未知形. grund〈基本の〉とtakst〈料金〉の合成名詞. **pr.** ~〈~現在の〉:perの省略された形. 後ろに日付などを伴って〈~現在〉という意味になる. 12) **forsørgere**〈扶養者〉:複数未知形. 動詞forsørge〈養う〉に人を表わす派生語尾 -r がついたものである. **pr. md.**〈月あたり〉:per månedの省略された形. 上記 pr. 1. januar の per との違いに注意. 14) **Hjemmeboende**〈自宅に住む〉:hjemmeとboendeの合成語. boendeは動詞bo〈住む〉の現在分詞派生形容詞である.

Udeboende unge under 25 år 4.393 kr. pr. md.
Taksterne reguleres hvert år den 1. januar
Det, du vil få udbetalt, kan afvige fra de grundtakster, der er opgivet her.
⁵ Beløbet kan blive påvirket af:

- ■ Det, du har tjent tidligere, hvis du er under 25 år.
- ■ Din egen eller eventuelle ægtefælles indtægt.

- ■ Særligt høje boligudgifter, som kan gøre dig berettiget til et tillæg.

¹⁰ Når du skal have kontanthjælp

Hvis du mener, at du er berettiget til at modtage kontanthjælp, skal du først henvende dig til

---

1) **Udeboende**〈(自宅)外にすむ〉:ude と boende の合成語. 2) **reguleres**〈調整される〉:regulere の s-受動形. **hvert år**〈毎年〉:hver〈それぞれの〉は不定代名詞である. ここでは中性名詞årを修飾するため, 中性形となっている. 3) **Det**:後続の2つののコンマで挟まれているもので説明されており, 関係代名詞somが省略されている. **afvige fra** ～〈～とは異なる〉. **der er opgivet**〈記されている〉:derはde grundtakster を先行詞とする関係代名詞で, この関係節中の主語である. er opgivetは動詞opgive〈記す;示す〉の状態受動である. 5) **blive påvirket af** ～〈～に影響を受ける〉:動詞påvirke〈影響を与える〉のblive-受動形である. 6) **Det** :前述3行目の Det と同様に, 後続の2つのコンマで挟まれているもので説明されており, 関係代名詞 som が省略されている. **har tjent**〈収入を得た〉:現在完了形. 経験を表す. 7) **Din egen eller eventuelle**〈あなた自身, あるいは, 場合によっては〉:egen は〈自分自身の〉を意味する形容詞的な不定代名詞の単数共性形. eventuelle は所有

自宅外に住む25才未満の若年者　月あたり　4,393クローネ
金額は毎年1月1日に調整されます．

　あなたが給付を受ける額は，ここに記されている基礎額とは異なることがあります．

受給額は次のようなことに影響を受けることがあります．

- もしあなたが25才未満の場合，以前に得た収入の額．
- あなた自身，あるいは，結婚されている場合には，伴侶の収入．
- あなたが加算手当の受給を受ける権利を得ることができるような，特別に高い住居費．

現金援助金を受給される場合

　もし現金援助金を受ける権利があるとお考えの場合には，まず第一にヘルスィングエーアの職業安定所［住所］Rønnebær

代名詞dinを受けてeventuel〈場合によっては；伴侶がいる場合には〉の既知形となっている． 8) **Særligt**〈特別に〉：形容詞særligに-tがついた副詞．後続の形容詞højeの程度を表す．このような程度を表す副詞として用いられる場合，-ig, -ligで終わる形容詞は-tをつけなくても良く，したがって，særligというかたちでも構わない． **boligudgifter**〈住居費〉：複数未知形．boligudgiftはboligとudgiftの合成名詞である． 9) **et tillæg**〈補足〉：単数未知形．付け足しといった意味合いを持ち，ここでは加算手当のことを指す． 10) **skal have**：skalは法助動詞skulleの現在形で，ここでは予定を意味する．ふつうhaveは〈持っている〉という意味であるが，få〈得る〉といった意味合いを持たせる場合，skal fåではなく，skal haveと表現する． 12) **skal du**：文頭にHvisで始まる従位節があるため，主語と定形動詞が倒置されている． **henvende dig til** 〜〈〜へ問い合わせる〉．

Arbejdsformidlingen Rønnebær Allé 110 i Helsingør. Her skal du melde dig arbejdsløs.

Henvend dig derefter til

Jobhuset, Jobformidlingscentret

Murergade 10   Tlf: 49 28 28 28

Medbring

- Skattekort.
- Kontaktkortet, som du får udleveret, når du tilmelder dig på Arbejdsformidlingen.
- Dokumentation for boligudgifter.
- Lønsedler for de sidste 3 måneder.
- Lønsedler for de sidste 18 måneder, hvis du er under 25 år.
- Evt. dokumentation for, at Helsingør Kommune ikke kan skaffe dig pasning til dit barn.

---

1) **Her skal du**：副詞 her〈ここで〉が文頭にあるために主語と定形動詞との倒置が起こっている．このskalは「要求・必要」を表す．2) **melde dig arbejdsløs**〈自分が失業であることを届け出る〉：melde sig 〜 は〈自分が〜であることを報告する，届け出る〉という意味である．4) **Jobformidlingscentret**〈職業斡旋センター〉：jobとformidlingとcenterの合成名詞．6) **Medbring**〈持参せよ〉：動詞 medbringeの命令形．ここでは，以下のものを持参せよ，という意味である．7) **skattekort**〈税金カード〉：skat〈税金〉とkort〈カード〉の合成名詞．毎年，税務署から送付されてくるもので，納税額などが記載されている．8) **kontakt-**

Allé 110 にお問い合わせください．ここで失業の旨をご通知ください．

その次に，下記にお問い合わせください．

職業ハウス，職業斡旋センター

[住所] Murergade 10, 電話 49 28 28 28

持参するもの

■ 税金カード
■ 職業安定所に登録する時に渡される連絡カード

■ 住居費に関する証明書
■ 過去3ヵ月間の給料明細書
■ もしあなたが25才未満の場合は，過去18ヵ月間の給料明細書
■ 必要ならば，ヘルスィングエーア・コムーネがあなたの子供の保育を提供できない旨を記した証明書

---

kortet〈連絡カード〉：som以下で説明されているため既知形となっている．**får udleveret**〈渡される〉：få＋過去分詞で，〈～してもらう〉といった意味である．**tilmelder dig**〈登録する〉．10) **Dokumentation for ～**〈～に関する証明書〉．11) **lønsedler**〈給料明細書〉：løn〈給料〉とseddel〈紙切れ〉の合成名詞．sedlerはseddelの複数未知形．seddelには〈紙幣〉という意味もある．**de sidste 3 måneder**〈過去3ヶ月〉：sidsteはsidst〈最後の〉の既知形．14) **Evt.**〈以下のものがある場合には〉：eventueltの省略形．**ikke kan**：atではじまる従位節のため，中域副詞ikkeが主語のすぐ後に置かれている．

■ Evt. lægeattest på, at sygdom gør dig uarbejdsdygtig.

■ Evt. opsigelsesbrev fra tidligere arbejdsgiver.

Kontanthjælp og aktivering

Når du modtager Kontanthjælp, har du både ret og pligt til
⁵ at modtage et aktiveringstilbud. Dog ikke i de situationer, hvor du får Kontanthjælp på grund af sygdom eller manglende børnepasning.

Aktivering er et tilbud om arbejde eller uddannelse under særlige vilkår.

¹⁰ Aktiveringens formål er at give dig noget meningsfuldt at lave i en arbejdsløshedsperiode, for bl.a. herigennem at forbedre dine muligheder for hurtigt at komme i almindeligt arbejde igen. Reglerne omkring aktivering findes i Lov om kommunal aktivering.

---

1) **lægeattest** 〈医師の証明書〉：læge 〈医師〉と attest 〈診断書，証明書〉の合成名詞．**uarbejdsdygtig** 〈就労不可能な〉：arbejdsdygtig 〈働くことのできる〉という形容詞に否定を意味する接頭辞 u- のついたもの．arbejdsdygtig は arbejde と dygtig 〈能力のある〉の合成語．2) **opsigelsesbrev** 〈解雇通知書〉：動詞 opsige 〈解雇する〉の名詞形 opsigelse と brev 〈手紙〉の合成語．4) **har du**：従位節で始まる文のために主語と定形動詞との倒置が起こっている．**både ret og pligt til ～** 〈～に対する権利と義務の両方〉：have ret til ～ 〈～に対する権利を有する〉と have pligt til ～〈～に対する義務を有する〉が både A og B 〈A と B の両方〉で結ばれている．5) **de situationer, hvor ～**〈～という状況〉：

■ 必要ならば，疾病のためにあなたが就労不可能である旨を記した医師の証明書
■ 必要ならば，前の雇用者からの解雇通知書

現金援助金と職業能力促進

現金援助金を受給されている場合には，職業能力促進の提供をお受け入れになる権利と義務の両方があります．しかし，これは疾病，あるいは保育の不足が原因で現金援助金を受給されている状況には当てはまりません．

職業能力促進とは，特別な条件下でなされる，仕事，あるいは，教育の提供のことです．

職業能力促進の目的は，失業期間中になすべき意義深いことをあなたに提供することです―［それは］特にそのことによって，あなたが早く再び一般の仕事に就くことができる可能性を改善するためです．職業能力促進に関する諸規定はコムーネの職業能力促進に関する法律に記されています．

---

deは指示代名詞の複数形である．これは，後ろから関係副詞で始まる関係節によって situationer の説明がされるため． 9) **vilkår**〈条件〉：複数未知形．vilkår は単複同形であるが，ここでは修飾語句が særlige と未知形複数形になっていることから，複数であることが分かる． 11) **arbejdsløshedsperiode**〈失業期間〉：arbejdsløshed〈失業〉と periode の合成名詞．arbejdsløshed は，形容詞 arbejdsløs〈職のない〉に抽象名詞派生の接尾辞 -hed がついたものである．**bl.a.**〈例えば〉：blandt andet の略．**herigennem**〈これによって；これを通して〉． 14) **kommunal**〈コムーネの〉：未知形単数共性形．kommune から派生した形容詞．

Handlingsplan

En handlingsplan er en skriftlig aftale mellem dig og Helsingør Kommune. Handlingsplanen beskriver, hvilke tilbud om aktivering, kurser, uddannelse m.v. vi forpligter
⁵ os til at give dig. Du er til gengæld forpligtet til at modtage aktiveringstilbudene, indtil du igen kommer i almindeligt arbejde eller uddannelsesforløb.

Løn, når du er i aktivering

Din løn er afhængig af, hvilket aktiveringstilbud du
¹⁰ modtager. Du vil dog altid få et beløb, der svarer til den kontanthjælp, du er berettiget til, og ved de fleste tilbud vil du få mere.

■ Arbejde hos en privat arbejdsgiver giver: Overenskomstmæssig løn.

---

2) **en skriftlig aftale**〈文書による合意書〉：ふつう aftale だけの意味は〈合意, 約束〉である． 3) **hvilke tilbud**：hvilke は形容詞的に用いられる疑問代名詞であり，間接疑問文を導いている． tilbud は単複同形であるが，tilbud を修飾する hvilke が複数形であることから複数であることが分かる． 4) **m.v.**〈など〉：med videre の略． **forpligter os til at ～**〈～する義務がある〉：forpligte sig til at ～ で〈～の義務を負う〉という意味である． 5) **til gengæld**〈その代わり〉． **er forpligtet**〈義務がある〉． 7) **uddannelsesforløb**〈教育課程〉：中性名詞のゼロ形． uddannelse〈教育〉と forløb〈過程, 経過〉の合成名詞． 9) **afhængig af ～**〈～による；～にかかっている〉． **hvilket**：hvilket は形容詞的に用いられる疑問代名詞であり，間接疑問文を導いている．ここでは中性名詞の単数形である aktiveringstilbud を修飾するために単数中性形となっている． modtager

行動計画

　行動計画とは，あなたとヘルスィングエーア・コムーネとの間の，文書による合意書です．行動計画は，職業能力促進，研修，教育等に関して，どのような提案を私たちがあなたに提供する義務があるかということを記述しています．その代わり，あなたは，再び一般の仕事に就くか，あるいは，教育課程に身を置くまで，職業能力促進の提供を受け入れる義務があります．

職業能力促進中の賃金

　あなたの賃金は，どのような職業能力促進の提供をあなたがお受けになっているかによって決まります．しかし，いかなる場合でも，あなたが受給する権利がある現金援助金に相当する額は得られますし，ほとんどの場合はそれ以上の額を得られます．

■　民間の雇用者の元での仕事：労使間協定に基づく賃金．

の目的語である． 10) **altid** 〈いつも〉． **der**：et beløb を先行詞とする関係代名詞で，関係節中の主語である． **svarer til** 〜〈〜に相当する〉． **den kontanthjælp** 〈その現金援助金〉：den は指示代名詞の単数共性形である．これは，後ろから関係節によって説明がされているからである．ここでは，コンマの後に関係代名詞 som が省略されている． 11) **ved de fleste tilbud** 〈ほとんどの提案では〉． 13) **arbejdsgiver** 〈雇用者〉：arbejde と giver 〈与える人〉との合成名詞． 14) **Overenskomstmæssig** 〈協定に関する〉：overenskomst と 〈〜に関する〉を意味する接尾辞 -mæssig の合成語． verenskomst は 〈関係者間における協定，一致〉を意味するもので，ここでは，雇用者と労働者間の協定，つまり労使間協定を意味する．

— 79 —

- Arbejde på en kommunal arbejdsplads i Helsingør Kommune eller i et af Jobhusets projekter:
Er du over 25 år: Kontanthjælpen + op til 15,44kr. i timen. (Timeløn max. 67,72).
Er du under 25 år: Kontanthjælpen + 8,24 kr. i timen. (Timeløn max. 67,72).
- Frivilligt arbejde i en organisation, forening el.lign.: Kontanthjælpen + 800 kr. om måneden.
- Kurser etableret specielt for ledige: Kontanthjælpen + 800 kr. om måneden.
- Særligt tilrettelagte forløb: Kontanthjælpen.

Når du modtager et tilbud om aktivering, kan du få oplyst den nøjagtige løn.

Medindflydelse og klagemulighed

Er du utilfreds med Jobhusets behandling af din sag, eller ønsker du at anke over en afgørelse, kan du få en klage- eller ankevejledning i enhver af Jobhusets afdelinger.

---

3) **Er du**：倒置条件文であり，Hvis du er と同義である． **i timen** 〈1時間あたり〉． 7) **el.lign.** 〈など〉：eller lignende の略． 11) **Særligt** 〈特別に〉：ここでいう「特別」とは，上記 4 つのケースに当てはまらない場合に，個人個人に対応した計画を作ることを意味するのであろう． **tilrettelagte** 〈計画された〉：動詞 tilrettelægge の過去分詞 tilrettelagt の形容詞的用法． ここでは未知形複数形として用いられている． 14) **Med-**

- ヘルスィングエーア・コムーネ内のコムーネの職場，あるいは，職業ハウスの企画の1つにおける仕事：
あなたが25才以上の場合：現金援助金＋時間につき 15.44 クローネまで（時間給：最高 67.72 クローネ）．
あなたが25才未満の場合：現金援助金＋時間につき 8.24 クローネまで（時間給：最高 67.72 クローネ）．
- 団体，協会等におけるボランティアの仕事：現金援助金＋月あたり 800 クローネ．
- 特に失業者を対象にした研修：現金援助金＋月あたり 800 クローネ．
- 特別に計画された過程：現金援助金．

あなたが職業能力促進の提供を受け入れられる時点で，正確な賃金の額を明示してもらうことができます．

発言権と不服申し立ての可能性

もしあなたのケースに関する職業ハウスの扱いにご不満がおありの場合には，あるいは，1つの決定について不服申し立てをお望みの場合には，職業ハウスのどの係でも不服申し立てのガイダンスをお受けになることができます．

---

indflydelse 〈共同決定〉：med と indflydelse 〈影響力〉の合成名詞．**klagemulighed** 〈不服申し立ての可能性〉：klage 〈不服〉と mulighed 〈可能性〉との合成名詞． 15) **Er du**：倒置条件文であり，Hvis du er と同義である． 16) **Ønsker du**：倒置条件文であり，Hvis du ønsker と同義である． 16) **anke over** 〈苦情を訴える〉．

Her kan du henvende dig
Du er altid velkommen i Jobhusets afdelinger:

Åbningstid
Mandag-tirsdag	9.30 - 14.30
⁵ Onsdag	lukket for personlig henvendelse
Torsdag	9.30 - 16.45
Fredag	9.30 - 12.00

Telefontid
Mandag	8.00 - 15.00
¹⁰ Tirsdag-onsdag	8.00 - 16.00
Torsdag	8.00 - 17.00
Fredag	8.00 - 12.30

---

1) **Her kan du henvende dig**〈ここであなたは問い合わせができます〉: henvende sigで〈問い合わせる〉という熟語になる. 3) **Åbningstid**〈開いている時間〉: 動詞 åbne〈開く〉から派生した åbning と tid の合成名詞. 開いている時間ということで, 業務時間と訳される. 5) **personlig**

問い合わせ
　職業ハウスの諸係にいつでもお気軽にお越しください．

業務時間
月・火曜日	9:30 - 14:30
水曜日	窓口でのお問い合わせは受け付けておりません
木曜日	9:30 - 16:45
金曜日	9:30 - 12:00

電話受付時間
月曜日	8:00 - 15:00
火・水曜日	8:00 - 16:00
木曜日	8:00 - 17:00
金曜日	8:00 - 12:30

---

henvendelse〈個人的な問い合わせ〉：ここでは，窓口での問い合わせを意味する．　8) **Telefontid**〈電話時間〉：telefon と tid の合成名詞．つまりは，電話での問い合わせができる時間のことである．

Hvis det handler om kontanthjælpen eller lønnen, henvend dig til
Jobhusets Kontanthjælpsgruppe

Murergade 10, 3000 Helsingør   Tlf. 49 28 28 28

⁵ Hvis det handler om aktiveringstilbud, du har modtaget, kan du henvende dig til den vejleder, som har givet dig tilbuddet i
Jobformidlingscentret
Murergade 10, 3000 Helsingør   Tlf. 49 28 28 28
¹⁰ eller i
Vejledningscentret
Fabriksvej 20, 3000 Helsingør   Tlf. 49 28 32 00

---

3) **Kontanthjælpsgruppe** 〈現金援助金班〉: kontanthjælp と gruppe の合成名詞. 5) **, du har**: コンマの後に aktiveringstilbud を先行詞とする関係代名詞 som が省略されている. 6) **kan du**: 従位節で始まる文のた

現金援助金，あるいは，賃金に関するお問い合わせは下記にしてください．

職業ハウスの現金援助金班
Jobhusets Kontanthjælpsgruppe
［住所］Murergade 10, 3000 Helsingør　電話 49 28 28 28

　あなたがお受け入れになった職業能力促進の提供に関するお問い合わせは，あなたにそれを提供した，職業斡旋センター内，あるいは，職業指導センター内の指導員にしてください．

職業斡旋センター Jobformidlingscentret
［住所］Murergade 10, 3000 Helsingør　電話 49 28 28 28
あるいは
職業指導センター Vejledningscentret
［住所］Fabriksvej 20, 3000 Helsingør　電話 49 28 32 00

めに主語と定形動詞kanとの倒置が起こっている．**den vejleder, som**〈～のところの指導員〉：denは指示代名詞の単数共性形である．これは，後ろから関係節によって説明がされているからである．

Fakta om service - Dagcentre
Serviceområde Social og Sundhed

I Helsingør Kommune findes to typer dagcentre - åbne dagcentre og lokale dagcentre.
5 Forskellen på de to dagcentre ligger i, hvem der kan benytte henholdsvis det ene dagcenter, og hvem det andet.

---

1) **Dagcentre**〈デイセンター〉:dagcenterの複数未知形. 3) **Kommune**〈コムーネ〉:日本の市町村に相当するものである. **I Helsingør Kommune findes ～**〈ヘルスィングエーア・コムーネには～がある〉:文頭に主語（この文の主語はto typer dagcentre）以外のもの（ここでは場所を表わす副詞句）があるために主語と定形動詞の倒置が起こっている. 主語が不定の場合, ふつうは形式主語derを伴う（der findes ～という構文）が, この文ではfindesの後に形式主語derが省略されている. またfindesはsで終わる形となっているが, 受動の意味は持たない. 日本語としては〈みられる〉と訳されることもあるが, 〈存在する〉という意味である. **to typer dagcentre**〈2種類のデイセンター〉. **åbne**〈公開

サービスの概況　デイセンター
サービス分野　社会福祉・保健

　ヘルスィングエーア・コムーネには2種類のデイセンターがあり，1つは公開型デイセンターで，もう1つは地域別デイセンターです．これら2種類のデイセンターの相違は，誰が一方のデイセンターを利用でき，誰が他方を利用できるかという点にあります．

の〉：åbenの未知形複数形．　4) **lokale**〈地域の〉：lokalの未知形複数形．
5) **Forskellen**〈相違〉：forskelの単数既知形．forskelはmellemという前置詞をとることもあるが，ふつうはpåをとる．　**ligger i** ～〈～にある〉：前置詞iは従位節である間接疑問文を支配している．　**hvem der**：疑問代名詞としてのhvemであり，従位節における主語であることを示すためにderが補足されている．　6) **henholdsvis**〈それぞれ〉：特に日本語に訳されないこともあるが，henholdsvis A og Bというように2つ以上のものを並べて言うときに用いられる．　**hvem det andet**：これはhvem der kan benytte det andet dagcenterの前節と同様の部分が省略されている．

Åbne dagcentre

Servicemål

■ Dagcentrenes brugerråd skal i år 2000 selv have ansvaret for aktiviteter af forskellig art. Det skal ske i samarbejde med Helsingør Kommunes medarbejdere og dagcentrenes medlemmer.

Åbne dagcentre

Helsingør Kommune har to åbne dagcentre - Oasen i Espergærde og Hamlet i Helsingør. Et åbent dagcenter tilbyder aktiviteter af forskellig art og kan benyttes af alle Helsingør Kommunes pensionister og efterlønsmodtagere.

---

3) **Dagcentrenes**〈諸デイセンターの〉:複数既知形の所有格. **brugerråd**〈利用者委員会〉:bruger〈利用者〉とråd〈委員会〉の合成名詞. rådには〈助言〉といった意味もある. **skal have ansvaret for**〈責任を持つようになる〉:skalは法助動詞skulleの現在形で, ここでは「要求・必要」を意味する. ふつうhaveは〈持っている〉という意味であるが, få〈得る〉といった意味合いを持たせる場合, skal fåではなく, skal haveと表現する. ansvaretは名詞ansvar〈責任〉の単数既知形である. 4) **Det**:前の文を受けている人称代名詞. **skal**:前文同様に「要求・必要」を意味する. **ske i samarbejde med** 〜〈〜との協力によっておこる〉:i samarbejde med 〜で〈〜との協力において〉という熟語である. 動詞skeは〈行なわれる〉といった意味である. 5) **medarbejdere**〈職員〉:medarbejderの複数未知形. ここではコムーネなので職員であるが, 会社の場合には社員となる. 6) **medlemmer**〈会員〉:medlemの複数未知

公開型デイセンター

サービスの目標

■ 諸デイセンターの利用者委員会は2000年には種々の趣味活動に対する責任を自分たちで持つ必要があります．これは，ヘルスィングエーア・コムーネの職員とデイセンターの会員との協力によってなされなくてはなりません．

公開型デイセンター

　ヘルスィングエーア・コムーネには公開型デイセンターが2つあります．エスパゲアにあるオアーセンとヘルスィングエーアにあるハムレトです．公開型デイセンターは種々の趣味活動を提供しており，ヘルスィングエーア・コムーネの年金受給者

形．9) **åbent**〈公開の〉：未知形単数中性形．修飾する名詞dagcenterが中性で不定冠詞を伴っているため．10) **aktiviteter**〈趣味活動〉：aktivitetの複数未知形．ふつうは様々な〈活動〉を意味するが，ここではセンター内の活動に限られているために趣味活動と訳される．**benyttes af**～〈～によって利用される〉：benytteのs-受動形．11) **efterlønsmodtagere**〈早期退職手当受給者〉：efterlønsmodtagerの複数未知形．この単語はefterløn〈早期退職手当〉とmodtager〈受給者〉に分けることができる．efterlønはløn〈賃金〉に〈後(の)〉を意味する接頭辞efter-がついた派生語である．早期退職手当とは，労働組合に一定期間入っていた者で，早期に退職した60-67歳の者に支給される手当てのことである．modtagerは動詞modtage〈受ける〉に人を表す派生語尾 -r がついたものである．efterlønとmodtagerはsで結びつく合成語となっている．

For at kunne benytte dagcentrenes tilbud skal du kunne klare dig selv og have lyst til at samarbejde med andre.
I et åbent dagcenter er alle medansvarlige for at skabe et aktivt miljø og sætte aktiviteter i gang sammen, så alle føler
⁵ sig velkomne.
Du skal selv sørge for transporten til centret. Undtagelsesvis kan der gives mulighed for kørsel efter aftale med funktionslederen i Område Syd eller aktivitetsrådgiveren på Hamlet.

---

1) **For at** ～〈～するために〉．**skal** 〈～しなければならない〉:「要求・必要」を表す． 2) **klare dig selv** 〈自分で自分のことを何とかする〉：klare sig selvという熟語． **have lyst til** ～〈～したい気持ちがある〉． 3) **I et åbent dagcenter er alle**：主語と定形動詞との倒置が起こっている．主語は代名詞 alle〈皆〉．**er alle medansvarlige for** ～〈全員が～に対して責任がある〉：medansvarligは名詞medansvar〈責任の一端（を担うこと）〉から派生した形容詞である．ここでは主語が複数形のため，形容詞も未知形複数形となっているが，意味としては，全員が各々責任を担うということになる． 4) **aktivt**〈活発な〉：未知形単数中性形．修飾する名詞 miljø〈環境〉が中性名詞で不定冠詞を伴っているため．**sætte ～ i gang**〈～を始める〉．**så**:目的節を導く従位接続詞である． 5) **velkomne**〈歓迎されている〉：velkommen の未知形複数形．**føler sig**〈感じる〉：再起動詞．sigは再帰代名詞であり，つまりは主語のことを示す．velkomneはその目的補語であり，ここでは主語がalleのため未知形

ならびに早期退職手当受給者なら誰でも利用できます．デイセンターが提供しているサービスを利用できるためには，あなたはご自分で［様々なことを］やっていくことができなければなりませんし，他の人たちと協力する意思がなければなりません．

　公開型デイセンターでは，皆が歓迎されているという気持ちになれるように，全員が一緒になって活動的環境を作り出し，諸々の趣味活動が動き出すようにする責任があります．

　あなたはご自分でセンターまでの移動を手配しなければなりません．例外的に，南部地域の職務主任，あるいは，ハムレトの趣味活動コンサルタントとの合意によって，車による送迎の可能性が与えられることがありえます．

複数形となっている． 6) **skal**：「要求・必要」を表す． **sørge for**〈手配する〉：sørge for には〈面倒を見る〉といった意味もある． **transporten**〈交通手段〉：transport の単数既知形．既知形となっているのは，交通手段全般を指す総称のため．これに対応する動詞は transportere〈輸送する；移動させる〉である． **Undtagelsesvis**〈例外的に〉：動詞 undtage〈〜を除く〉の名詞形 undtagelse に形容詞を派生させる接尾辞 -vis がついたもの．ここでは同形で副詞として用いられている． 7) **kan der gives**〈与えられうる〉：この kan は可能性〈ありうる〉を表す．文頭に副詞があるために主語と定形動詞との倒置が起こっている． der は形式主語．gives は s- 受動形． **kørsel**〈車での移動・運転〉：動詞 køre〈運転する〉の名詞形．ここでは車による送迎のことを指す． **efter aftale med** 〜〈〜との合意によって〉：aftale は〈約束〉という意味もある． 8) **funktionslederen**〈職務主任〉：単数既知形．funktion〈職務，機能〉と leder〈主任〉の合成名詞．

Når man er ny

Hvis du er ny bruger af det åbne dagcenter og har brug for
introduktion, kan du kontakte brugerrådet. De vil vise dig
rundt og fortælle om stedet. Du er velkommen til at komme
⁵ på dagcentret 2-3 gange, inden du melder dig ind. Du kan
få et program over, hvad der foregår de forskellige dage.

Aktiviteter

Du er velkommen til at komme og deltage i de aktiviteter,
du har lyst til. De forskellige aktiviteter er bl.a. sang, syning,
¹⁰ dans, gymnastik, kortspil, billard, blomsterbinding,
porcelænsmaling, træsløjd, edb og madlavning. Udflugter
er en anden mulighed for hyggeligt samvær, hvor du kan
møde andre. Du bestemmer selv, hvornår, hvor ofte og hvor
længe du vil være på dagcentret. Medlemskortet gælder
¹⁵ både til Hamlet og Oasen.

---

2) **bruger af** ～ 〈～の利用者〉. **åbne** 〈公開の〉：åben の既知形. **har brug for** ～〈～を必要としている〉. 3) **kan du**：従位接続詞 hvis で始まる条件文が文頭に置かれているために，主語と定形動詞との倒置が起こっている. **vil**：「単純未来」を表す．この vil は次にくる vise 〈見せる〉と fortælle 〈話す〉の両方にかかっている. 5) **inden** ～ 〈～までに〉：従位接続詞. **melder dig ind** 〈入会する〉：melde sig ind という熟語. 6) **hvad**：先行詞を含む関係代名詞である. 8) **de aktiviteter** 〈様々な趣味活動〉：ここでは後ろから aktiviteter の説明がつくため，aktiviteterne ではなく，指示代名詞 de が用いられる. 9) **bl.a.** 〈例えば〉：blandt andet の略. 11) **porcelænsmaling** 〈磁器の絵付け〉：porcelæn〈磁器〉と maling

初めて利用される場合

　公開型デイセンターを初めて利用される方で，ご案内を必要とされる場合には，利用者委員会にお申し出ください．施設内をご案内し，ご説明いたします．ご入会される前に，デイセンターに2，3回お越しくださるのはご自由です．様々な趣味活動の日程を記したプログラムが入手できます．

趣味活動

　センターに気軽にお越しになって，お望みの活動にお気軽にご参加ください．様々な趣味活動とは，例えば，歌，裁縫，ダンス，体操，トランプ，ビリヤード，フラワーアレンジメント，磁器の絵付け，木工，コンピュータ，料理です．ピクニックは他の人と逢うことのできる楽しい交流のもう1つの可能性です．あなたご自身が，デイセンターに，いつ，何回来て，どのくらい長くいるかということを，決定します．会員証はハムレトとオアーセンの両方で使えます．

〈絵付け〉の合成名詞．maling は動詞 male〈(絵の具で) 描く〉から派生したものである．**træsløjd**〈木工〉：træ〈木〉と sløjd〈工作〉の合成名詞．**edb**〈コンピュータ〉：[イーディービー] と読み，elektronisk databehandling〈電子データ処理〉の略．12) **hyggeligt**〈心地よい，楽しい〉：未知形単数中性形．修飾する名詞 samvær〈一緒にいること；集まり〉が中性で定冠詞等によって限定されていないため．**hvor**：hyggeligt samvær を先行詞にとる関係副詞．**kan**：「可能性」を表す．14) **gælder både til Hamlet og Oasen**〈ハムレトとオアーセン両方で有効である〉：gælde til ～で〈～に有効である〉を意味する．både A og B〈AとBの両方〉．

På Hamlet kan du benytte cafeteriaet, der har åbent på hverdage fra 8.00 - 16.00. I weekenderne fra 8.00 - 9.00 og fra 11.00 - 14.00.

I Oasen kan der købes kaffe/te, brød, øl og vand.
⁵ Smørrebrød skal bestilles inden kl. 11.00.

Frivillig indsats

Hamlet og Oasen har brug for din hjælp til praktiske opgaver, undervisning og aktiviteterne. Har du lyst til at yde en frivillig indsats ved enten at løse praktiske opgaver
¹⁰ eller sætte aktiviteter i gang, så tilbyder Helsingør Kommune dig undervisning, praktisk støtte og oplæring.

De praktiske opgaver er bl.a. at passe telefon, give information, tage sig af tilmeldinger til dagcentret, skrive og udgive dagcentrets blad, reservere lokaler til arrangementer,
¹⁵ arrangere temadage og fortælle elever og gæster fra andre kommuner og nye brugere om stedet.

---

1) **har åbent** 〈開いている〉：åbent は形容詞 åben の未知形単数中性形の名詞的用法で，har の目的語． **på hverdage** 〈平日には〉． 2) **I weekenderne**〈週末には〉． 4) **kan der købes**〈買える〉：文頭に場所を表わす副詞句があるために主語と定形動詞との倒置が起こっている． der は形式主語． 5) **skal**：「要求・必要」を表す． **bestilles**〈注文される〉：bestille の s-受動形． **inden** ~〈~までに〉：前置詞． 8) **Har du lyst til** ~ 〈もし~したい気持ちがあるなら〉：倒置条件文．Hvis du har lyst til ~ と同じである． 9) **yde en frivillig indsats**〈自発的に力を貸す〉：動

ハムレトではカフェテリアをご利用いただけます．開館時間は，平日 8:00 - 16:00，週末 8:00 - 9:00, 11:00 - 14:00 です．

　オアーセンでは，コーヒー／紅茶，パン，ビール，清涼飲料水がお買い求めになれます．オープンサンドイッチは11:00までにご注文ください．

自発的なご助力

　ハムレトとオアーセンでは，あなたに実際的な課題や，講習や，諸々の趣味活動のお手伝いをしていただく必要があります．もし，実際的な課題をやっていただくか，あるいは趣味活動をスタートさせることで，自発的にご助力していただくお気持ちがおありになるならば，ヘルスィングエーア・コムーネはあなたに，授業，実際的援助，そして訓練を提供いたします．

　実際的な課題とは，例えば，電話番，案内係，デイセンターへの申込の受付，デイセンター誌の執筆ならびに発行，趣味活動の場所の予約確保，テーマ・デーの計画・手配，［学校の］生徒や他のコムーネからのお客さん，そして新しい利用者にセンターについて説明することです．

詞 yde は〈貢献する〉という意味であり，indsats も〈貢献〉という意味を持つ．つまり yde en indsats という熟語としても〈貢献する，力を貸す〉という意味である．　**enten at løse praktiske opgaver eller sætte aktiviteter i gang,**〈実際的な課題を行なうか，あるいは趣味活動を開始する〉：eller の後には at が省略されている．enten A eller B で〈A か B か〉という意味である．　10) **så**：副詞．条件節の後によく用いられ，前節を受けているがふつう日本語には訳されない．この種の så はなくても構わない．　13) **tage sig af** ～〈～の面倒を見る〉．

Du bestemmer selv, hvor meget du har lyst til at indgå i. Sammen med centerråd eller brugerråd laves evt. en aftale om, hvilke opgaver du er ansvarlig for, og i hvor stor udstrækning.

Det forventer vi af dig

- Du rydder op efter dig selv og behandler tingene som dine egne.
- Du er med til at bevare den gode atmosfære.
- Du er åben og imødekommende over for øvrige medlemmer.
- Du betaler selv udgifter til materialer og særlige udgifter til særskilte arrangementer som for eksempel skovture.

Det forventer vi ikke af dig

Du behøver ikke hjælpe andre brugere, der har brug for hjælp til personlig pleje. Du skal heller ikke gøre rent i centret.

---

1) **indgå i** 〜〈〜に関わる〉. 2) **laves evt. en aftale om** 〜〈場合によっては〜に関して合意がなされる〉：laves は lave の s-受動形. evt. は eventuelt の省略形. 3) **hvilke opgaver du er ansvarlig for**〈あなたがどの課題に対して責任があるか〉：være ansvarlig for 〜〈〜に対して責任がある〉という熟語. この for は hvilke opgaver〈どの課題〉に係る前置詞である. **i hvor stor udstrækning** 〈どれだけの範囲において〉：udstrækning の後には du er ansvarlig が省略されている. 5) **Det forventer vi af dig**〈それを私たちはあなたに期待している〉：Det はその後に書かれていることを指している. 6) **tingene**〈物品〉：ting の複数既知形. 既知形とな

どこまでなさるかということは，あなたご自身が決定されることです．センター委員会，あるいは利用者委員会と一緒に，場合によっては，あなたがどの課題に対して，どれだけの範囲において，責任があるか，ということに関して合意がなされることがあります．

あなたにお願いしたいこと
■　ご自分が使われた後の後片付けをなさり，物品をご自分の物同様に［大切に］扱うこと．
■　良い雰囲気を保つのに協力すること．
■　他のメンバーに対してオープンで，好意的であること．
■　材料の経費と，例えば森林ピクニックなどのような特例的な催しに対する特別経費をご自分で負担すること．

あなたにお願いしないこと
　パーソナルケアの援助を必要とする他の利用者を援助する必要はありません．センターの掃除もなさる必要はありません．

っているのはセンターにある物品の総称のため．　**som dine egne**〈ご自身の物同様に〉：dine は所有代名詞の複数形．egne は egen〈自身の〉の複数形．ここでは，dine egne ting の ting が省略されている．　8) **er med til ～**〈～を一緒にする；～に参加する〉．　9) **imødekommende over for ～**〈～に対して好意的である〉．　**øvrige**〈他の〉：øvrig の複数未知形．11) **udgifter til ～**〈～に対する費用〉．　12) **som for eksempel skovture**〈例えば森林ピクニックなどのような〉：som skovture の間に for eksempel〈例えば〉が挿入されている．　15) **gøre rent**〈掃除をする〉．

Medlemskontingent

Det koster p.t. 30 kr. om måneden at være medlem. Beløbet trækkes over pensionen, og det betales forud. Du kan kun melde dig ud ved udgangen af en måned og med en måneds
5 varsel. Ønsker du f.eks. at blive meldt ud til den 1. august, så skal du senest give skriftlig besked den 30. juni. Når du er meldt ud, skal du huske at aflevere dit medlemskort til brugerrådet. Efterlønsmodtagere betaler kontant til brugerrådet til den første i hver måned. Der betales forud.

10 Indflydelse

I dagcentrene er der brugerråd, der varetager medlemmernes interesser. Alle medlemmer har stemmeret, og alle medlemmer kan stille op til valg. På Hamlet er det et centerråd, som består af brugerrråd og aktivitetspersonale.
15 Der er vedtægter for brugerråd og centerråd. Vedtægterne

---

2) **p.t.** 〈現在のところ〉：［ピーティー］と読み，ラテン語 pro tempore の略. **om måneden** 〈一月当たり〉. 3) **trækkes over** 〜〈〜から差し引かれる〉：trække の s-受動形. **det**：beløbet〈金額〉を受ける人称代名詞. **betales forud** 〈事前に払われる〉：betale の s-受動形. 4) **melde dig ud** 〈退会する〉：melde sig ud という熟語. 92頁5行目の melde sig ind〈入会する〉と比較. **udgangen af en måned** 〈月末〉：ふつう udgang は〈出口〉を意味する. **en måneds varsel** 〈1ヶ月前の予告〉：varsel には〈注意, 警告〉といった意味もある. 5) **Ønsker du** 〜 〈〜を希望するならば〉：倒置条件文. **f.eks.** 〈例えば〉：for eksempel の略. **blive meldt ud til** 〈〜に［日付］退会する〉：blive-受動形. til は未来の一時点を表す. 6) **skal**：「要求・必要」を表す. **senest** 〈遅くとも〉：

会費

　会費は，現在のところ，月に30クローネです．その全額は年金から差し引かれ，前払いになります．退会は月末にのみ可能で，しかも1ヵ月前の予告が必要です．例えば，8月1日に退会を希望される場合には，遅くとも6月30日までに文書で通知される必要があります．退会された場合には，会員証を利用者委員会まで返却することをお忘れなく．早期退職手当受給者は毎月1日までに現金を利用者委員会にお支払いください．前払いでお願いします．

発言権

　デイセンターには，会員の利益を守る利用者委員会があります．全会員に投票権があり，全会員が選挙に立候補できます．ハムレトでは，利用者委員会と活動担当職員からなるセンター委員会が，それに当ります．利用者委員会とセンター委員会には規定があります．諸規定は絶えず改定されます．利用者である

形容詞 sen〈遅い〉の最上級の副詞的用法．　7) **er meldt ud**〈退会した〉：blive-受動形の現在完了形．受動の助動詞 blive の過去分詞 blevet が省略されており，er blevet meldt ud と同義である．　**skal**：「要求・必要」を表す．　9) **den første i** ～〈～の1日(ついたち)〉．　**hver måned**〈毎月〉．　10) **Indflydelse**〈発言権〉：ふつう indflydelse は〈影響力〉といった意味を持つ．　11) **medlemmernes**〈会員の〉：medlem の複数既知形所有格．　12) **stemmeret**〈投票権〉：stemme〈投票する〉と ret〈権利〉の合成名詞．　13) **stille op**〈立候補する〉．　14) **som består af** ～〈～から構成されている〉：som は et centerråd を先行詞とする関係代名詞．　15) **vedtægter**〈規定〉：vedtægt の複数未知形．　**vedtægterne**〈規定〉：vedtægt の複数既知形．

revideres løbende. Som bruger får du stor indflydelse på, hvad centret skal rumme af aktiviteter.

På dagcentrene er der en idekasse. Her kan du komme med ris, ros og nye forslag. Sådan kan du have direkte indflydelse
5 på centrets virke.

Lokale dagcentre
Servicemål
■ Give pensionister mulighed for at holde sig selv i gang og klare sig selv længst muligt.

10 ■ Give pensionister gode oplevelser.

Lokale dagcentre
Helsingør Kommune har fem lokale dagcentre, der kan benyttes af pensionister i det lokale område. Et lokalt dagcenter tilbyder forskellige aktiviteter til pensionister og
15 efterlønsmodtagere, der af helbredsmæssige årsager ikke kan benytte de åbne dagcentre. De lokale dagcentre kan

---

1) **revideres**〈改定される〉：revidereのs-受動形. **løbende**〈絶えず〉：løbe〈走る〉から派生した形容詞løbendeの副詞的用法. **Som** ～〈～として〉. 2) **hvad**：疑問代名詞. 8) **holde sig selv i gang**〈自分自身で活動することを続ける〉. 9) **længst muligt**〈できるかぎり長く〉：længstはlængeの最上級. 12) **der**：fem lokale dagcentreを先行詞とする関

あなたは，センターがどのような活動を包括すべきであるかということに対して大きな発言権がおありです．

デイセンターにはアイデア箱があります．この中に，ご叱責，お誉めの言葉，新提案をお入れください．そのようにしてセンターの活動に直接の発言権をお持ちになれます．

地域別デイセンター
サービスの目標
■ 年金受給者に自分自身で活動することを続け，できるかぎり長い間，自分自身でなんとかやっていける可能性を提供すること．

■ 年金受給者に良い体験をしてもらうこと．

地域別デイセンター

ヘルスィングエーア・コムーネには居住地域の年金受給者が利用できる地域別デイセンターが5箇所あります．地域別デイセンターは，年金受給者と早期退職手当受給者のうち，健康上の理由から公開型デイセンターを利用することができない方を対象に様々な趣味活動を提供しております．地域別デイセンタ

係代名詞． 15) **der**：pensionister og efterlønsmodtagere を先行詞とする関係代名詞． **af helbredsmæssige årsager**〈健康に関する理由から〉：afは理由を表わす前置詞である． helbredsmæssigは，helbred〈健康〉と〈～に関する〉を意味する接尾辞 -mæssig との合成語で，ここでは未知形複数形となっている．

benyttes af pensionister fra lokalområdet efter nærmere
aftale. Din adresse afgører, hvilket center du hører til.

De fem lokale dagcentre er

Område Nord:	Bøgehøjgård
	Teglværksgården
Område Indre By:	Hammershøj
Område Snekkersten:	Poppelgården
Område Syd:	Strandhøj
Område Nordvest:	Et dagcenter er ved at blive etableret.

Når man er ny

Personalet eller andre centermedlemmer tager imod dig,
orienterer og hjælper dig til rette, når du begynder. Du er
velkommen til at komme et par gange, inden du melder dig
ind.

Aktiviteter

I de lokale dagcentre er der aktiviteter og samvær med

---

1) **nærmere** 〈さらなる〉：nær〈近い〉の比較級で,〈さらに詳しく〉と
いった意味を持つ. 2) **hører til** ～〈～に所属する〉. 9) **er ved at** ～〈～
しつつある〉：være vedで, 何かが始まろうとしていることを表す. 12)

ーは，詳細な点に関する合意のもと，当該居住地域の年金受給者が利用できます．あなたのご住所で，あなたがどのセンターに所属しているかが決まります．

5箇所の地域別デイセンターは以下の通りです．

北部地域：　　　　　　　　［施設名］ベーエホイゴー
　　　　　　　　　　　　　［施設名］タイルヴェアクスゴーン
市街地地域：　　　　　　　［施設名］ハマスホイ
スネカスティーン地域：　　［施設名］ポペルゴーン
南部地域：　　　　　　　　［施設名］ストランホイ
北西部地域：　　　　　　　デイセンターが1つ間もなく開設．

初めて利用される場合

あなたが［センターの利用を］始められる場合には，職員，あるいは他のセンター会員があなたをお迎えし，［施設内を］ご案内し，勝手がわかるようにお手伝いします．ご入会される前に，2，3回お越しくださるのはご自由です．

趣味活動

地域別デイセンターでは，様々な趣味活動が行なわれたり，

---

tager imod dig〈迎える〉：tage imod nogen という熟語． 13) **hjælper dig til rette**〈勝手が分かるように手伝う〉：hjælpe nogen til rette という熟語． 14) **et par**〈2, 3〉．

andre pensionister. Aktiviteterne er bl.a. stolegymnastik, sang, musik, kortspil, strikning og quiz. Du har selv mulighed for at præge aktiviteterne. Kan du ikke selv komme til det lokale dagcenter, så er der mulighed for gratis
5 transport efter behov.

Der er tilknyttet personale, der støtter og vejleder. Personalet giver også praktisk og personlig hjælp.

Det forventer vi af dig

■ At du har lyst til at deltage aktivt.
10 ■ At du kan lide at være sammen med andre mennesker.
■ At du vil gøre en indsats for at klare dig selv.

■ At du, i det omfang du kan, rydder op efter dig og deltager i de praktiske opgaver (bl.a. blomstervanding, dække bord, lave kaffe osv.).

15 Medlemskontingent

Det koster 30 kr. om måneden at være medlem. Kontingentet trækkes hver måned af pensionen. Du kan

---

1) **aktiviteterne** 〈趣味活動〉：aktivitetの複数既知形． 2) **har mulighed for** ～〈～の可能性がある〉． 3) **Kan du ikke** ～〈～ができない場合は〉：倒置条件文． 5) **efter behov** 〈必要に応じて〉． 6) **Der er tilknyttet personale** 〈職員がいる〉：tilknyttetは動詞 tilknytte 〈結びつける；配属する〉の過去分詞．この文は状態受動を表し，〈職員が配属されている〉という意味になる． 9) **aktivt** 〈積極的に〉：形容詞 aktiv の未知形単数中

他の年金受給者との交流があります．様々な趣味活動とは，例えば，椅子体操，歌，音楽，トランプ，編み物，クイズです．ご自身が趣味活動に関与することも可能です．もしご自分で地域別デイセンターに来ることがおできにならない場合には，必要に応じて無料送迎の可能性があります．

　[皆様を] 援助し，かつアドバイスする職員が置かれています．職員は実際的，かつ個人的な援助もまた提供します．

あなたにお願いしたいこと

■　積極的に参加しようという気持ちがおありであること．

■　他の人たちと一緒にいることがお好きであること．

■　ご自分で物事をこなすための努力をするご意思がおありであること．

■　できる範囲内で，ご自分が使った後の後片付けをし，実際的な課題(例えば，花の水やり，テーブルセッティング，コーヒーをいれることなど) に参加すること．

会費

　会費は，月に30クローネです．会費は，毎月，年金から差し引かれます．退会は月末にのみ可能で，しかも1ヵ月前の予告

性形の副詞的用法．　11) **gøre en indsats for** ～　〈～のために努力をする〉．　12) **i det omfang du kan**　〈あなたができる範囲内で〉．　15) **Medlemskontingent**〈会費〉：medlem〈会員〉と kontingent〈負担額〉の合成名詞．　16) **det**：at være medlem〈会員になること〉を指す仮主語．17) **trækkes af** ～　〈～から差し引かれる〉：trække の s- 受動形．

kun melde dig ud ved udgangen af en måned og med en
måneds varsel. Ønsker du fx at blive meldt ud til den 1.
august, så skal du senest give skriftlig besked den 30. juni.
Når du er meldt ud, skal du huske at aflevere dit
medlemskort til brugerrådet.

Indflydelse

I samarbejde med personalet har du indflydelse på de
aktiviteter og arrangementer, der finder sted i dagcentret.

Her kan du henvende dig

Åbne dagcentre

■ Aktivitetscentret Hamlet
Kronborgvej 1A-C, 3000 Helsingør
Telefon: 49 28 28 28
Åbningstider: 9.00-16.00 på alle hverdage.

Hamlet har elevator og handicapegnede toiletter. Hamlet
ligger lige ved Grønnehave Station og Helsingør Nordhavn.

---

2) **fx** 〈例えば〉: for eksempel の略.　7) **de aktiviteter og arrangementer, der**: ここでは aktiviteter と arrangementer を指示代名詞 de が限定している. これは関係代名詞 der で始まる関係節によって後ろからその説明がされるためである.　8) **finder sted** 〈行なわれる〉.　9) **Her**

が必要です．例えば，8月1日に退会を希望される場合には，遅くとも6月30日までに文書で通知される必要があります．退会された場合には，会員証を利用者委員会まで返却することをお忘れなく．

発言権

　職員との協力のもとに，あなたには，センター内で行なわれる諸活動と催しに対して発言権があります．

問い合わせ

公開型デイセンター

■　活動センター・ハムレト　Aktivitetscentret Hamlet
　　［住所］Kronborgvej 1A - C, 3000 Helsingør
　　電話：49 28 28 28
　　開館時間：平日は毎日　9:00 - 16:00

　ハムレトにはエレベーターと身障者用トイレがあります．ハムレトはグレネハーヴェ駅とヘルスィングエーア・ノアハウン

---

kan du henvende dig 〈ここであなたは問い合わせができます〉：henvende sig で〈問い合わせる〉という熟語になる．　15) **handicapegnede** 〈身障者用〉：handicap〈身障者〉と形容詞 egnet〈〜に適応した〉との合成語．ここでは語尾が複数形に変化している．　16) **lige** 〈すぐ〉．

Servicebussen holder lige udenfor.

Bus nr. 340, 801, 802 og 803 holder lige i nærheden.

■ Dagcentret Oasen
　Kløvermarken 8, 3060 Espergærde
5　Telefon: 49 13 18 13
　Åbningstider:　10.00-15.30.
　　　　　　　　I juni, juli og august dog 12.00 - 15.30.

Oasen - et gult træhus - ligger lige ved Espergærde station, busholdepladsen og Espergærdeindkøbscenter.

10 **Yderligere information**

Du er altid velkommen til at kigge indenfor på centrene eller til at ringe for at få mere at vide.

---

1) **udenfor**〈外に〉：副詞．　2) **i nærheden**〈近くに〉．8) **et gult træhus**〈黄色い木材建築物〉：træhusはtræ〈木〉とhus〈家〉の合成名詞．不定冠詞を伴う中性名詞のため，形容詞gulも未知形単数中性形gult

のすぐそばにあります．サービスバスがセンターのすぐ外に停まります．

　バス番号 340, 801, 802, 803 がすぐ近くに停まります．

■　デイセンター・オアーセン Dagcentret Oasen
　　［住所］Kløvermarken 8, 3060 Espergærde
　　電話：49 13 18 13
　　開館時間：10:00 - 15:30
　　　　　　　しかし，6月，7月，8月は　12:00 - 15:30

　オアーセン—黄色い木材建築物—は，エスパゲア駅，バスターミナル，エスパゲア・ショッピングセンターのすぐそばにあります．

その他にお知りになりたいこと
　さらにお知りになりたい場合には，お気軽にセンターにお立ち寄りになるか，電話をなさるかしてください．

となる．9) **indkøbscenter**〈ショッピングセンター〉：indkøb〈買い物〉と center〈センター〉の合成名詞．indkøb は købe ind〈買い物をする〉からうまれた名詞．

Lokale dagcentre

■ Område Syd
Pleje- og Aktivitetscenter Strandhøj
Gylfesvej 17, 3060 Espergærde
Tlf. 49 28 26 25

■ Område Indre By
Dagcenter Hammershøj
Trækbanen 2, 3000 Helsingør
Tlf. 49 28 23 71

■ Område Snekkersten
Pleje- og Aktivitetscenter Poppelgården
Nørrevej 95, 3070 Snekkersten
Tlf. 49 22 34 28

■ Område Nord
Pleje- og Aktivitetscenter Bøgehøjgård
Holmegårdsvej 50A, 3100 Hornbæk
Tlf. 49 70 24 44

■ Område Nord
Pleje- og Aktivitetscenter Teglværksgården
Krogebakken 5, 3140 Ålsgårde
Tlf. 49 70 96 83

地域別デイセンター

■ 南部地域：ケア・活動センター・ストランホイ
　　　　Pleje- og Aktivitetscenter Strandhøj
　　　　[住所] Gylfesvej 17, 3060 Espergærde
　　　　電話：49 28 26 25

■ 市街地地域：デイセンター・ハマスホイ
　　　　Dagcenter Hammershøj
　　　　[住所] Trækbanen 2, 3000 Helsingør
　　　　電話：49 28 23 71

■ スネカスティーン地域：ケア・活動センター・ポペルゴーン
　　　　Pleje- og Aktivitetscenter Poppelgården
　　　　[住所] Nørrevej 95, 3070 Snekkersten
　　　　電話：49 22 34 28

■ 北部地域：ケア・活動センター・ベーエホイゴー
　　　　Pleje- og Aktivitetscenter Bøgehøjgård
　　　　[住所] Holmegårdsvej 50A, 3100 Hornbæk
　　　　電話：49 70 24 44

■ 北部地域：ケア・活動センター・タイルヴェアクスゴーン
　　　　Pleje- og Aktivitetscenter Teglværksgården
　　　　[住所] Krogebakken 5, 3140 Ålsgårde
　　　　電話：49 70 96 83

Fakta om service

Helsingør Kommune

Madservice

Serviceområde Social- og Sundhed

Ⅲ. 中級篇

(中級者用の注)

Madservice
Hjælpemidler

Fakta om service - Madservice
Serviceområde Social og Sundhed

Madservice er for alle Helsingør Kommunes pensionister.
Helsingør Kommune tilbyder to typer af madservice:
■ Salg af mad fra plejecentrenes 7 cafeteriaer.
■ Udbragt mad.
Som pensionist i Helsingør Kommune kan du frit vælge mellem cafeteriaerne.

Udbragt mad er til dig, der ikke selv kan klare den daglige madlavning og heller ikke er i stand til at benytte cafeteriaerne.

For at få udbragt mad skal du henvises og godkendes af Helsingør Kommunes Døgnpleje. Se telefonnumre bagest i folderen. Er du i tvivl om, hvilket distrikt du hører ind under, kan du få det oplyst på telefon: 49 28 28 28.

---

1) **madservice**：mad〈食事〉と service〈サービス〉との合成語. 3) **alle**〈すべての〉：不定代名詞 al (alt, alle) の複数形の形容詞的用法で，後続の pensionister を修飾. 5) **fra**〈から；における〉. **plejecentrenes**〈ケアセンターの〉：→〈ケアセンター内の〉. **cafeteriaer**：=cafeterier：cafeterila (-et/-aet, -er/-aer) の複数未知形. 6) **udbragt mad**〈配達された食事〉：→〈配食サービス〉. 7) **Som ...**〈ヘルスィングエーア・コムーネの年金受給者として，あなたは自由に（複数の）カフェテリアの中から選ぶことができます〉. mellem ～〈～の間で〉：=〈～の中から〉. frit〈自由に〉：形容詞 fri〈自由な〉の未知形単数中性形 frit を副詞的に

— 114 —

サービスの概況　食事サービス
サービス分野　社会福祉・保健

　食事サービスはヘルスィングエーア・コムーネの年金受給者全員を対象にしております．ヘルスィングエーア・コムーネは2種類の食事サービスを提供しております．

■　ケアセンター内の7つのカフェテリアにおける食事の販売．
■　配食サービス．

　ヘルスィングエーア・コムーネの年金受給者は，利用するカフェテリアを自由に選択することができます．

　配食サービスは，ご自分で日常の食事作りができず，またカフェテリアを利用することもできない，あなたを対象にしています．

　配食サービスを受けるためには，ヘルスィングエーア・コムーネの24時間ケアに照会してもらい，承認されねばなりません．当パンフレット末尾の電話番号をご覧ください．ご自分がどの地区に所属しているのか疑問がおありの場合には，電話番号 49 28 28 28 でお尋ねください．

用いたもの．　9) **til** 〜　〈〜へ〉：→〈〜を対象に〉．　10) **i stand til at** 〜 〈〜できる〉．　12) **For at få udbragt mad**〈配達された食事を得るためには〉：→〈配食サービスを受けるためには〉．この文では倒置が起きており，元の語順は Du skal henvises og godkendes af Helsingør Kommunes Døgnpleje for at få udbragt mad. である．henvises：henvise の s-受動形の不定詞．godkendes もこれと同様．　14) **Er du i tvivl om ...**：倒置条件文．Hvis du er i tvivl om ... に同じ．i tvivl om 〜 〈〜に（関して）疑問がある，不確かである〉．　**høre ind under** 〜〈〜に所属している〉．15) **få det oplyst**〈そのことを説明してもらう，教えてもらう〉．

Servicemål

■ Tilbyde en velsmagende og ernæringsrig kost.

■ Levere maden inden for 24 timer fra det tidspunkt, hvor vi får bestillingen. Vi kan nå målet gennem et tæt samarbejde med sygehus og døgnpleje.

■ Fleksibel madserviceordning. Det betyder, at man selv bestemmer, hvor mange dage man ønsker maden.

■ 75 % af brugerne skal være tilfredse med maden. Brugernes opfattelse af maden måles i en spørgeskemaundersøgelse hvert andet år. Målet skal være nået i 1998.

---

1) **servicemål**：serviceとmålとの合成語． 2) **ernæringsrig** 〈栄養豊かな〉：ernæring 〈栄養〉とrig 〈豊かな〉との合成語． **kost** 〈食べ物，飲食物；糧；賄い(まかない)〉． 3) **inden for** 〜〈〜以内に〉． 4) **få bestilling** 〈注文を受ける〉． **nå målet**〈(その)目標に達する〉． 6) **madserviceordning**：madserviceとordning 〈制度〉との合成語． 9)

サービスの目標

■ おいしい，栄養学的に適切な食事を提供すること．

■ 注文をいただいた時点から24時間以内に食事を配達すること．私たちは，病院および24時間ケアとの緊密な協力によって，この目的を達することができます．

■ 柔軟性のある食事サービス制度．つまりこれは，食事を望む日数を自分で決定することを意味します．

■ 利用者の75％が食事に満足していなければなりません．利用者が食事に対してどういうご意見をお持ちであるかということは，2年に1回のアンケート調査で調査します．この目標は1998年に到達されていなくてはなりません．

---

brugernes opfattelse af maden 〈利用者の食事に対する意見〉．
spørgeskemaundersøgelse：spørgeskema〈アンケート〉とundersøgelse〈調査〉との合成語． 10) **hvert andet år**〈2年ごとに，2年に1回〉：cf. hver anden dag〈2日に1回〉．

Cafeteriamad

Cafeteriaerne serverer dagligt varm mad m.m. til pensionister. Der kan købes morgenmad, formiddagskaffe og middag. Til middag kan man vælge mellem: en hovedret
5 og biret, smørrebrød, salat med flutes eller en lun ret. Maden kan tages med hjem. Se priserne i cafeteriaerne. Der kan bestilles specialkost (diætkost) til 31,50 kr. pr. kuvert. Desuden er der eftermiddagskaffe. Madpakker el. smørrebrød kan købes i alle cafeteriaerne til at tage med
10 hjem til aftensmaden. På Strandhøj er der dog mulighed for at spise aftensmaden på stedet.

Se cafeteriaernes åbningstider på bagsiden af folderen.

---

2) **m. m.**：= med mere 〈などなど〉，cf. m. fl. (med flere)〈などなど〉. 4) **middag**〈昼食〉：middagは「1日で一番中心となる食事」，すなわち〈ディナー〉. middag〈正午〉がその語源であることからわかるように，かつてmiddagは〈昼食〉であったが，現在では夕食にmiddagをとる家庭がほとんどである（このあたりの事情は英語のdinnerと共通している）．しかしながら，middagを昼食にとる家庭もないわけではないし，folkehøjskole〈フォルケホイスコーレ（国民高等学校）〉ではmiddagといえば昼の食事のことである． **Til middag ...**〈昼食（ディナー）には…〉：文頭に主語以外の要素であるtil middagが置かれているので主語と定形動詞とが倒置されている． **hovedret**：hoved-〈主になる〉とret〈料理〉との合成語． 5) **biret**：bi-〈付随的な，2次的な〉とret〈料理〉との合成語． **flutes** [フリュツ]：flute (-n/-t, -/-s, 複数既知形 -ne)〈小型のフランスパン，フリュート〉の複数未知形．複数未知

カフェテリアの食事

　カフェテリアは毎日，温かい食事等を年金受給者にお出ししております．カフェテリアでは，朝食，午前のコーヒー，昼食を購入することができます．昼食は，次のものを選択できます：メインディッシュとサイドディッシュ，あるいはオープンサンドイッチ，あるいはフランスパン付きサラダ，あるいは温かい具をのせたサンドイッチ．食事はお持ち帰り可能です．値段はカフェテリアでご覧ください．(食事療法用）特別食を，1人前31.50クローネで注文することができます．さらに，午後のコーヒーがあります．夕食用にお持ち帰りするためのお弁当，あるいはオープンサンドイッチがすべてのカフェテリアで購入できます．［南部地域の］ストランホイでは，しかしながら，その場で夕食をとることが可能です．

　カフェテリアの開館時間については，当パンフレットの裏面をご覧ください．

形にはこのほかfluteという単複同形の形もある．このように発音および語形変化の点で一般のデンマーク語の単語とは異なっているが，これはこの語がフランス語からの借用語だからである．flute は一般家庭でのmiddag〈ディナー〉やホームパーティーでもよく用いられるが，その場合は冷凍食品として販売されているものがたいてい用いられる．こういった商品の袋では，フランス語の元来の形flûtesという綴りが見られることもある．　**lun ret**：パンに温かい具をのせたlun〈心地よく温かい〉料理．パンにハムやチーズなどをのせたkold ret〈冷たい料理〉と火を通して調理したvarm ret〈温かい料理〉との中間に位置する．　6) **tage ~ med hjem**〈~を家に持って帰る〉．9) **til at tage med hjem**〈持ち帰るために〉：tilは「使用・利用目的」を表す前置詞．10) **mulighed for ~**〈~の可能性〉．11) **på stedet**〈その場で〉．

Hovedret og biret

En almindelig portion fuldkost (hovedret og biret) indeholder 30-35 % af det daglige energibehov, hvis energibehovet er anslået til ca. 8000 kJ.

Hovedret og biret indeholder: Energi 3000-3500 kJ. +/- 10 %

Hovedret	Mængde	Vægt
Kartofler	4 - 5 stk	150 - 160 g
Kød / Fisk / Fjerkræ	1 - 2 stk	100 - 120 g
Sovs	ca. 1 $^1/_2$ dl	150 g
Grønsager		ca. 100 g
Samlet vægt af en hovedret		ca. 500 g
Biret		ca. 2dl + tilbehør

---

2) **en portion** 〈1人前, 1人分〉. **fuldkost**:fuld 〈完全な〉とkost 〈食事〉との合成語. 4) **energibehov**:energi 〈エネルギー〉と behov 〈ニ

メインディッシュとサイドディッシュ

一般的な1人前の完全食(メインディッシュとサイドディッシュ)は, 1日のエネルギー必要量が約8,000kJとされているとすると, その必要量の30〜35%を含んでいます.

メインディッシュとサイドディッシュは3,000〜3,500kJ(プラス・マイナス10%) のエネルギーを含んでいます.

メインディッシュ	量	重さ
じゃがいも	4 - 5 個	150 - 160 g
肉 / 魚 / 鳥肉	1 - 2 個	100 - 120 g
ソース	約 1.5 dl	150 g
野菜		約 100 g
メインディッシュの総重量		約 500 g
サイドディッシュ		約 2 dl + 添え物

ーズ, 必要量〉との合成語.　**anslå A til B**〈AをBと見積もる, 査定する〉.

Udbragt mad

■ Udbragt mad består af en hovedret og en biret til 31,50 kr. pr. kuvert.

■ Maden udbringes som kølemad (cirka 5 grader).

■ Du har mulighed for at låne en damp- eller en mikrobølgeovn. Mikrobølgeovne fås kun gennem døgnplejen.

■ Afbestilling af udbragt mad sker til det køkken, der leverer maden. Maden skal afbestilles tre dage i forvejen. Dette gælder dog ikke, når man bliver indlagt på hospitalet. Her kan man afbestille samme dag.

■ Der kan bestilles gæstemiddage. De skal bestilles tre dage i forvejen. Gæstemiddage betales kontant, når de bliver leveret. Prisen er 31,50 kr. Der kan lånes en ekstra ovn til at varme gæstemiddagen op i.

■ Maden bringes ud hver tirs-, tors- og lørdag mellem kl. 8.00- 12.00.

---

2) **består af** 〜：〈〜で成り立っている〉． 4) **kølemad**：køle 〈冷やす〉 と mad 〈食事〉 との合成語． 5) **have mulighed for** 〜 〈〜の可能性がある；できる〉． **damp-**：dampovn のこと．damp 〈蒸気〉 と ovn 〈オーブン〉 との合成語． 8) **afbestilling** 〈注文の取り消し〉：bestilling の反意語． **ske** 〈なされる，行なわれる〉． 9) **i forvejen** 〈前もって〉． 10) **Dette gælder dog ikke** 〈しかしながらこのことは当てはまらない〉．

配食サービス

■ 配食サービスの食事は，1人前31.50クローネのメインディッシュとサイドディッシュより成っています．

■ 食事は冷蔵食品（約5℃）として配達されます．

■ 蒸し器，あるいは電子レンジを借りることができます．電子レンジは，24時間ケアを通してのみ，入手できます．

■ 配食の注文取り消しは，食事を配達している調理場にご連絡ください．食事の注文取り消しは，3日前までにお願いします．ただし，このことは病院に入院された場合は別です．その場合，入院当日に注文の取り消しが可能です．

■ お客さん用の昼食が注文できます．注文は3日前までにお願いします．お客さん用の昼食は，配達の時に現金でお願いします．値段は，31.50クローネです．お客さん用の昼食を温めるために，オーブン[蒸し器，あるいは電子レンジ]をもう1つ借りることができます．

■ 食事は毎週，火曜日，木曜日，土曜日の8:00 - 12:00に配達されます．

---

indlægge ~ på hospitalet 〈~を病院に入院させる〉． 11) **her** 〈ここで；この場合〉． **samme dag** 〈同じ日に〉：すなわち 〈入院当日に〉．
12) **gæstemiddag**：gæst 〈客〉 と middag 〈昼食〉 との合成語． 13) **Gæstemiddage ... leveret** 〈客用の昼食は，それらが配達されるときに現金で支払われる〉． 14) **Der ... i** 〈客用の昼食を温めるためのオーブンが余分にもう 1 つ借りられ得る〉．**varme ~ op** 〈~を温める〉．

■ Betaling af maden sker to mdr. bagud og trækkes over pensionen. Der betales kun for de portioner, man har modtaget.

■ Der er mulighed for specialkost (diætkost). Prisen er 31,50 kr. pr. kuvert.

■ Du skal selv vedligeholde ovnen. Ovnen er kun til låns. Når man ikke længere modtager udbragt mad, skal ovnen leveres tilbage til Helsingør Kommune.

■ Ønsker man ikke længere at modtage udbragt mad, kan man komme ud af ordningen med tre dages varsel.

Medindflydelse og klagemulighed

Er du utilfreds med maden, kan du klage til det køkken, der har leveret maden. Er du utilfreds med visiteringen af udbragt mad, kan du klage til Social- og Sundhedsforvaltningen, Birkedalsvej 27, 3000 Helsingør.

---

1) **mdr.**：månederの省略形. **bagud** 〈遅れて〉. **trække A over B** 〈AをBから差し引く；天引きする〉. 2) **Der ... modtaget**：〈受け取った食事の分だけ支払われる〉. 6) **Du ... ovnen** 〈オーブンの維持は自分で行わなければならない〉. **til låns** 〈貸借物として〉. 7) **skal ovnen leveres tilbage** 〈オーブンは返却されなければならない〉. 9) **Ønsker ...**：倒置条件文. Hvis man ikke længere ønsker ... mad と同義. 10)

- 食事の代金支払は，2ヵ月後になされ，年金から差し引かれます．受け取られた食事の分だけ，お支払いいただくことになります．
- （食事療法用の）特別食が可能です．値段は1人前31.50クローネです．
- オーブン［蒸し器，あるいは電子レンジ］の維持はご自分でなさってください．オーブンはお貸しするだけです．配食サービスをそれ以上お受けにならない場合には，オーブンはヘルスィングエーア・コムーネにお返しください．
- 配食サービスをそれ以上受けることをお望みでない場合には，3日間の予告でこの取り決めから脱会することができます．

発言権と不服申し立ての可能性

もし食事に対してご不満がおありの場合には，食事を配達した調理場に不服を申し立ててください．配食サービスの受給審査に対してご不満がおありの場合には，社会福祉・保健局［住所:］Birkedalsvej 27, 3000 Helsingør に不服申し立てを行なってください．

---

komme ud af ~〈~から出る；脱会する〉． 11) **klagemulighed**：klage〈不服申し立て〉と mulighed〈可能性〉との合成語． 12) **Er ... mad**：倒置条件文．Hvis du er utilfreds ... mad と同義．utilfreds med ~〈~に不満がある〉． 13) **visiteringen**：動詞 visitere〈(人の)配置先・場所を決定するために暫定的な審査を行なう〉から派生した名詞 visitering の単数既知形．

Her kan du henvende dig

Cafeterier
■ **Område Nord Bøgehøjgaard**
Holmegårdsvej 50, 3100 Hornbæk
Åbent: 08.00 - 09.30 11.30 - 13.15 og 17.00 - 18.15
Telefon: 49 70 20 84

■ **Område Nord Teglværksgården**
Krogebakken 5, 3140 Ålsgårde
Åbent: 08.00 - 09.30 11.30 - 13.15 og 17.00 - 18.15
Telefon: 49 70 96 85

■ **Område Snekkersten Poppelgården**
Nørrevej 95, 3070 Snekkersten
Åbent: 8.00 - 15.00
Telefon: 49 22 33 93

---

1) **Her kan du henvende dig** 〈ここにあなたは問い合わせることができる〉. 5) **åbent**：(Vi har) åbent 08.00 〜 09.00 〈(私たちは) 8時から9

問い合わせ

カフェテリア

■ 北部地域：[施設名] ベーエホイゴー **Bøgehøjgård**
　[住所] Holmegårdsvej 50, 3100 Hornbæk
　開館時間: 8:00 - 9:30, 11:30 - 13:15, 17:00 - 18:15
　電話: 49 70 20 84

■ [施設名] タイルヴェアクスゴーン **Teglværksgården**
　[住所] Krogebakken 5, 3140 Ålsgårde
　開館時間: 8:00 - 9:30, 11:30 - 13:15, 17:00 - 18:15
　電話: 49 70 96 85

■ スネカスティーン地域：[施設名] ポペルゴーン **Poppelgården**
　[住所] Nørrevej 95, 3070 Snekkersten
　開館時間: 8:00 - 15:00
　電話: 49 22 33 93

時まで開いています〉.

■ **Område Syd Strandhøj**
Gylfesvej 17, 3060 Espergærde
Åbent: 8.00 - 18.30
Spisetidspunkter : Morgenmad: 8.00 - 9.45
　　　　　　　　Middag: 11.30 - 3.00
　　　　　　　　Aften: 17.00 - 18.30
Telefon: 49 28 26 54

■ **Område Indre By Hamlet**
Kronborgvej 1A, 3000 Helsingør
Åbent : Hverdage: 8.00 - 16.00
　　　　Weekend og helligdage: 8.00 - 9.00 og 11.00 - 14.00
Telefon: 49 20 28 40

■ **Område Indre By Hammershøj**
Trækbanen 2, 3000 Helsingør
Åbent: Hverdage 10.30 - 14.00
Weekend og helligdage: 11.00 - 13.30
Telefon: 49 28 23 54

---

4) **spisetidspunkt**：spise〈食べる〉と tidspunkt〈時間〉との合成語.
8) **indre by**〈町の中心部〉：すなわち〈市街地〉. indre は〈中心の〉を

■ 南部地域：［施設名］ストランドホイ **Strandhøj**
［住所］Gylfesvej 17, 3060 Espergærde
開館時間：8:00 - 18:30
食事時間：朝食：8:00 - 9:45,
　　　　　昼食：11:30 - 15:00,
　　　　　夕食：17:00 - 18:30
電話: 49 28 26 54

■ 市街地地域：［施設名］ハムレト **Hamlet**
［住所］Kronborgvej 1A, 3000 Helsingør
開館時間：平日：8:00 - 16:00
　　　　　週末および祝祭日：8:00 - 9:00, 11:00 - 14:00
電話: 49 20 28 40

■ ［施設名］ハマスホイ **Hammershøj**
［住所］Trækbanen 2, 3000 Helsingør
開館時間：平日：10:30 - 14:00
　　　　　週末および祝祭日：11:00 - 13:30
電話: 49 28 23 54

意味する形容詞.

■ **Område Nordvest Kristinehøj**
Kristinehøjvej 2, 3000 Helsingør
Åbent: Hverdage 11.30 - 13.00
　　　　　Weekend og helligdage 12.00 - 13.00
5　Telefon: 49 21 33 14 lokal 26

Udbragt mad
For at få udbragt mad skal du henvises og godkendes af døgnplejen i Helsingør Kommune. Ring:

Område Nord	49 70 24 44
10　Område Snekkersten	49 22 31 41
Område Syd	49 28 26 22
Område Indre By	49 28 22 96　eller　49 28 22 98
Område Nordvest	49 28 38 88　eller　49 28 38 89

---

8) **ring**：動詞 ringe の命令形．この語は以下の地域と電話番号に続き―

■ 北西部地域：［施設名］クリスティーネホイ **Kristinehøj**
［住所］Kristinehøjvej 2, 3000 Helsingør
開館時間：平日：11:30 - 13:00
　　　　　　週末および祝祭日：12:00 - 13:00
電話: 49 21 33 14　内線 26

配食サービス

配食サービスを受けるためには，ヘルスィングエーア・コムーネの24時間ケアに照会してもらい，承認される必要があります．以下の電話番号にご連絡ください．

北部地域	49 70 24 44
スネカスティーン地域	49 22 31 41
南部地域	49 28 26 22
市街地地域	49 28 22 96　または 49 28 22 98
北西部地域	49 28 38 88　または 49 28 38 89

つの文になる．

Fakta om service - Hjælpemidler
Serviceområde Social og Sundhed

Servicemål

Helsingør Kommune ønsker

- ■ At ansøgningen om hjælpemidler fra døende i eget hjem og fra mennesker, der udskrives fra hospital, skal behandles så hurtigt, at hjælpemidlet kan leveres med én hverdags varsel.
- ■ At børnesager går forud for alle andre former for henvendelser.

Sådan får du hjælpemidler

Er du syg, handicappet eller svækket på grund af alderdom, kan du have brug for hjælpemidler.

Du får dine hjælpemidler fra hospitalet, hvis du er blevet behandlet for en midlertidig lidelse (Fx et brækket ben).

---

4) **Helsingør Kommune ønsker**：この主節（あるいは，完結文の核）は後続の2つの従位節，すなわちat-節につながる．訳では「次の点を」という言葉を付け加えて文を切り，分かりやすくしてある． 5) **døende** 〈死にかけている人〉→〈末期患者〉：動詞dø〈死ぬ〉の現在分詞から派生した形容詞の名詞的用法． 6) **udskrive ～ fra hospital**〈～を退院させる〉． 7) **så ～ , at ～**〈～（at以下）のように（なるくらい）～な/に（形容詞/副詞）〉． **med én hverdags varsel**〈平日1日間の予告をもって〉． 9) **børnesag**：børn〈子供たち〉とsag〈ケース〉との合成

サービスの概況　補助器具
サービス分野　社会福祉・保健

サービスの目標
ヘルスィングエーア・コムーネは次の点を望んでいます．

■ 在宅の末期患者，ならびに，病院から退院する方からの補助器具の申請は，補助器具が平日ならば翌日に配達されるよう迅速に扱われること．

■ 子供に関するケースが，他のいかなる形態の問い合わせにも優先すること．

補助器具の入手方法
　もしあなたが病気であるか，障害がおありになるか，老齢のために衰弱されている場合には，補助器具が必要かもしれません．

　一時的疾病（例えば，脚の骨折）で治療をお受けになられた場合には，病院から補助器具をお受け取りになります．

語．**gå forud for** 〜〈〜より優先する〉． 11) **Sådan får du hjælpemidler**〈このようにしてあなたは補助器具を手に入れます〉． 12) **Er ... alderdom**：倒置条件文．Hvis du er syg ... と同義． **på grund af**〈〜のために，〜のせいで〉：pga. あるいは p.g.a. のように略す． 13) **kan du have brug for hjælpemidler**〈あなたは補助器具を必要であるかもしれない〉． **have brug for** 〜 〈〜を必要としている〉． 14) **er blevet behandlet**：blive- 受動形の現在完了形． 15) **Fx**：for eksempel の略．

Har du været indlagt på hospitalet på grund af en varig
lidelse, skal hospitalet skaffe hjælpemidlerne. Det gør de
ved at kontakte Hjælpemiddeldepotet i Esbønderup eller
Hjælpemiddelkontoret i Helsingør Kommune.
5 Er du svækket på grund af alderdom, har du en varig
sygdom eller et handicap, kan du altid henvende dig i Social- og Sundhedsforvaltningen.
Alle får inden 10 dage besked om, at Hjælpemiddelkontoret
har modtaget deres ansøgning.

10 Det hjælper vi med

Alle former for hjælpemidler, boligændringer, råd og
vejledning.
Vi deler hjælpemidlerne op i tre grupper: Engangsartikler,
personlige hjælpemidler, som du må beholde, og
15 hjælpemidler, der skal afleveres efter brug.

---

1) **være indlagt på hospitalet** 〈病院に入院している〉：cf. indlægge
～ på hospitalet 〈～を病院に入院させる〉.　**varig lidelse**〈継続した
(慢性化した) 疾病〉→〈慢性病〉.　2) **Det gør de ved at kontakte**
Hjælpemiddeldepotet〈このことを彼らは補助器具保管所に連絡をと
ることにより行なう〉.　3) **Esbønderup**〈エスベネロプ〉：Græsted-
Gilleleje Kommune〈グレーステズ・ギレライエ・コムーネ〉にある町
の名称. すなわち，ヘルスィングエーア・コムーネはグレーステズ・ギ
レライエ・コムーネやその他のいくつかのコムーネと共にFrederiksborg
Amt〈フレズレクスボー・アムト〉に属している. ちなみに，コムーネ
とは日本における市町村に相当し，アムトは都道府県に相当する. 補助
器具保管所は，コムーネに1つずつあるのではなくて，アムトに1つ置
かれているのがふつうである.　5) **Er ... alderdom**：倒置条件文. Hvis

もし慢性病で病院に入院されていた場合には，病院は補助器具を調達しなければなりません．このためには，病院はエスベネロプの補助器具保管所，あるいは，ヘルスィングエーア・コムーネの補助器具課に連絡をとります．

　もしあなたが老齢のために衰弱していたり，慢性病や障害がおありの場合には，いつでも社会福祉・保健局にお問い合わせになってください．

　どのような場合でも，補助器具課があなたの申請を受け取った旨の連絡を，10日以内にお受け取りになります．

私たちがお手伝いすること
　あらゆる種類の補助器具，住宅改造，ガイダンス．

　私たちは補助器具を以下の3つのグループに分類しております．使い捨て用品，手元に置いておかれても良い個人専用の補助器具，使用後に返却しなければならない補助器具．

---

du er svækket ... と同義． **har ... handicap**：倒置条件文．Hvis du har en varig ... と同義． 8) **Alle ... ansøgning** 〈すべての人が，補助器具課が彼らの申請を受け取ったという連絡を10日以内に受ける〉：alleは不定代名詞al (alt, alle) 〈すべての〉の複数形の名詞的用法． 10) **Det hjælper vi med** 〈それを私たちはお手伝いします〉：Vi hjælper med det の det をテーマ化し，文頭に置いたために，主語viと定形動詞hjælperとが倒置されている．detは以下に述べる事柄を指す． 11) **boligændring**：bolig 〈住居〉とændring 〈変えること；改造〉との合成語． **råd og vejledning** 〈アドバイスと指導 (/ ガイダンス)〉． 13) **dele A op i B** 〈AをBに分ける〉． **engangsartikel**：en gang 〈一度，一回〉とartikel 〈もの，品目〉との合成語．

■ Engangsartikler er fx bleer og andre inkontinens-
hjælpemidler.

■ Personlige hjælpemidler er fx briller, proteser,
ortopædisk fodtøj og bandager - altså hjælpemidler, du
må beholde.

■ Hjælpemidler, der skal afleveres efter brug, er fx
kørestol, stokke, senge, lifte, toiletforhøjere og
alarmanlæg. Disse hjælpemidler kræver en
ergoterapeuts vurdering, når de skal bevilges. Derfor
skal du regne med et hjemmebesøg, hvor vi ser, hvordan
vi bedst kan hjælpe dig.

Vi kan ændre din bolig, så den bliver mere egnet til din
situation. Fx toiletforhold, dørtrin og køkkenbordshøjde.
Ændringerne omfatter ikke almindelig vedligeholdelse. Vi
yder altid råd og vejledning, fx ved allergi eller, hvis du selv
vil anskaffe nogle hjælpemidler.

---

2) **inkontinenshjælpemiddel**: inkontinens〈失禁〉とhjælpemiddel〈補助器具〉との合成語. 3) **protese**〈人工補綴物〉:義肢, 義歯, 義眼など. 4) **fodtøj**〈履物〉. 7) **toiletforhøjer**: toilet〈トイレ〉とforhøjer〈高くする人・もの〉との合成語. cf. 動詞forhøje〈高くする〉. 8) **alarmanlæg**: alarm〈アラーム〉とanlæg〈装置〉との合成語. 9) **Derfor ... dig**〈それゆえに、あなたは、私たちがどのようにして最良にあなたを援助できるかを見るための家庭訪問を想定しておかなければ

- 使い捨て用品とは，例えば，オムツや他の失禁補助用品です．
- 個人専用の補助器具とは，例えば，メガネ，人工補綴物（じんこうほてつぶつ），［足の整形治療に用いる］整形外科用靴，包帯―つまり，手元に置いておかれても良い補助器具―です．
- 使用後に返却しなければならない補助器具とは，例えば，車椅子，杖，ベッド，リフト，便座の位置を高くする器具，警報装置です．これらの補助器具は，認可される必要がある場合は，作業療法士の判断が必要です．そのため，私たちがあなたを援助できる最良の方法を見るためにお宅を訪問することになりますので，ご了承ください．

　私たちは，あなたの住居をあなたの状況により適したものとなるように改造することができます．例えば，トイレの状況，ドアの敷居，台所の調理台の高さなど．改造には，一般的な手入れ・整備は含まれません．私たちはいつでも―例えば，アレルギーの場合とか，もしあなたご自身が補助器具をいくつか入手されようと望まれる場合などに―ガイダンスを提供します．

ならない〉．　10) **hjemmebesøg**：hjemme〈家庭〉とbesøg〈訪問〉との合成語．　12) **så ...**：såは目的節を導く従位接続詞で，〈～するように〉という意になる．så atと同義．　**være egnet til ~**〈～に適している〉：cf. egne sig til ~〈～に適している〉．　13) **toiletforhold**：toilet〈トイレ〉とforhold〈状態〉との合成語．　**køkkenbordshøjde**：køkkenbord〈調理台〉とhøjde〈高さ〉との合成語．　14) **Ændringerne ...**〈改造は一般的な手入れ・整備を含まない〉．

Medicin

Får du ikke medicinkort, har du mulighed for at få hjælp til udgifter til tilskudsberettiget medicin ved kronisk sygdom. Din egen udgift til medicin skal overstige 300 kr. om måneden. Medicinen skal være ordineret af en læge.

Det siger loven

Hjælp kan ydes, når hjælpemidlet i væsentlig grad kan hjælpe de varige følger af den nedsatte funktionsevne og derved i væsentlig grad kan lette den daglige tilværelse eller er nødvendigt for at pågældende kan udøve sit hverv.

Bistandslovens § 58.

---

2) **Får ... medicinkort**:倒置条件文. Hvis du ikke får ... と同義. **have mulighed for** ～ 〈～の可能性がある〉. 3) **tilskudsberettiget**：tilskud〈助成〉と動詞berettige〈権利を与える〉の過去分詞berettigetとの合成語. **kronisk sygdom**〈慢性的な病気〉→〈慢性病〉. 5) **om måneden**〈ひと月につき〉：om + 時を表す名詞の既知形〈～につき〉. **Medicinen ...** 〈薬剤は医師によって指示されなければならない〉. 7) **Det siger loven** 〈このことを法律は謳っている（言っている）〉：detがテーマ化され, 文頭に置かれているので, 主語lovenと定形動詞sigerとが倒置されている. detは以下に述べる事柄を指す. 8) **hjælpemidlet**：når から5行目の hverv まで続く従位節中の主語で, kan (hjælpe), kan (lette), er

薬剤

 もし薬剤カードをお受け取りになっていない場合には，慢性病に際して，助成対象とされている薬剤に対する出費の助成を得る可能性があります．[その場合]あなたご自身の薬代としての出費が月に300クローネを越えている必要があります．薬剤は医師が指示したものでなければなりません．

法律の謳うところでは

 補助器具が，機能の低下により生じる永続的な後遺症を著しく補うことができる場合に，そして，それによって日常生活を著しく軽減できたり，当該者が自分の職業に従事することができるために必要な場合に，補助が支給されうる．

社会支援法の第58条

(nødvendigt) という3つの定形動詞が続く． **i væsentlig grad** 〈かなりの程度において〉 → 〈著しく〉． 9) **af** ~ 〈~による〉 → 〈~により生じる〉． **funktionsevne**：funktion 〈機能〉と evne 〈能力〉との合成語． 10) **den daglige tilværelse** 〈日常の生活(暮らし)〉 → 〈日常生活〉． 11) **pågældende** 〈該当している〉：形容詞の名詞的用法． 13) **Bistandsloven**：bistand 〈(社会的)支援〉と lov 〈法律〉との合成語．正式名称は lov om social bistand 〈社会支援に関する法律〉という．1974年に制定され，1976年に施行．この法律は枠組みを規定しているだけで，具体的なところはコムーネに任せている． §：paragraf 〈(法律の)条〉を記号で表したもの．

> Der kan ydes hjælp til boligen for at gøre den bedre
> egnet som opholdssted for personer med invaliditet eller
> varig sygdoms- eller aldersbetinget svagelighed.
> *Bistandslovens § 59.*

⁵ Når hjælpemidlet leveres tilbage

Vi forventer, at du vedligeholder hjælpemidlerne, og at de er rene, når de afleveres. Hvis du ikke har brug for dit hjælpemiddel mere, skal du kontakte Hjælpemiddelkontoret, så andre kan få glæde af det.

¹⁰ Når du flytter

Når du flytter, må du medbringe dine hjælpemidler (undtagen alarmanlæg). Du skal selv sørge for flytningen. Dette gælder både, hvis du flytter rundt i Helsingør

---

1) **den**∶ = boligen. **gøre ～ egnet** 〈～を適したものにする〉∶gøre A B〈AをB（の状態）にする〉. 2) **opholdssted**∶ophold〈滞在〉と sted〈場所〉との合成語. **personer med invaliditet eller varig sygdoms- eller aldersbetinget svagelighed**〈障害，あるいは慢性の病気を原因とする，あるいは老齢を原因とする弱さ（衰弱）をもっている人〉. sygdoms-∶後ろに betinget〈～による，～を原因とする〉が省略されている. 3) **aldersbetinget**∶alder〈年齢；老齢〉と betinget との合成語. 5) **Når hjælpemidlet leveres tilbage**〈補助器具が返却されるときは〉.

> 住居を障害を持つ人や，慢性病あるいは老齢によって衰弱した人の滞在場所により良く適したものとするために，住居に対する補助が支給されうる．
>
> 社会支援法の第59条

補助器具を返却する時は

あなたが補助器具の手入れ・整備を行ない，返却時には補助器具はきれいな状態であることを期待します．もし，あなたが現在使っておられる補助器具がもう必要でなくなった場合には，他の人がその恩恵を受けられるように補助器具課に連絡してください．

引っ越される時は

引っ越しをされる時には，（警報装置を除いて）あなたが現在使用されている補助器具を持って行かれても結構です．引っ越しはあなたご自身が手配する必要があります．これは，ヘルス

---

7) **Når de afleveres**〈それらが返されるとき〉． **ikke (...) mere**〈もう（もはや）～でない〉． 9) **andre**〈他の人たち〉：不定代名詞anden (andet, andre) の複数形の名詞用法． **få glæde af ~**〈～の恩恵を受ける〉． 13) **Dette gælder ~**〈このことは～に適用する，あてはまる〉． **både A og B**〈AとBの両方とも〉：条件節hvis ... i Helsingør KommuneがAに相当し，条件節hvis ... til en anden kommuneがBに相当する． **Flytter ...**：倒置条件文．Hvis du flytter ... と同義．

— 141 —

Kommune, og hvis du flytter til en anden kommune. Flytter du fx til Københavns Kommune, og bruger du kørestol, så må du gerne tage den med. Der gælder særlige regler, når man flytter ind på en institution. Kontakt Hjælpe-
⁵ middelkontoret for flere oplysninger.

Sådan er det med betalingen

Det er gratis at låne et nødvendigt hjælpemiddel. Dog skal man selv betale hjælpemidler under 200 kr. som fx en gribetang. Man skal selv sørge for almindelig
¹⁰ vedligeholdelse - herunder dæk og slange til kørestole. Reparationer over 200 kr. betaler Hjælpemiddelkontoret, hvis der er lavet en aftale på forhånd. Der er særlige regler for betaling af handicapbiler.

---

2) **bruger ...**：倒置条件文 ← hvis du bruger ...　3) **må gerne** 〈～しても構わない〉.　**tage ～ med** 〈～を一緒に持っていく〉.　**Der gælder særlige regler**：真主語はsærlige reglerであるが，これは不定の主語であるので，本来の主語の位置には形式主語derが置かれている．　5) **for flere oplysninger** 〈より多くの情報を求めて〉.　6) **Sådan er det med betalingen** 〈このように支払いについてはなっている〉：〈このように〉とは〈以下で述べるように〉の意．　8) **selv betale**〈自分で払う〉→〈自己負担する〉.　**som en gribetang** 〈つかみバサミのような〉：cf. som

ィングエーア・コムーネ内の引っ越しの場合もそうですし，他のコムーネに引っ越される場合もそうです．例えば，コペンハーゲン・コムーネに引っ越される場合で，あなたが車椅子を利用されている場合には，その車椅子を一緒に持って行かれても結構です．[しかし，]引っ越して，施設に入所される場合には，特別な規定が適用されます．詳しくは，補助器具課にご連絡ください．

お支払について

必要な補助器具を借りるのは無料です．しかし，例えば，つかみバサミのような200クローネ以下の補助器具の支払いは自己負担となります．一般的な手入れ・整備は自分自身で行なわなければなりません―これには車椅子のタイヤとチューブも含まれます．200クローネ以上の修理は，もし事前に合意がなされている場合には，補助器具課がお支払いします．障害者用自動車の支払いに関しては特別な規定が適用されます．

---

gribetang 〈つかみバサミとして〉． 10) **herunder** 〈その・この（前述したものの）中に～（herunder 以下のもの）も含んで〉：副詞． 11) **Reparationer ...**：主語は Hjælpemiddelkontoret. 目的語をテーマ化するための倒置． 12) **hvis ... på forhånd**：en aftale がこの条件節内の真主語であるが，これが不定の主語であるために形式主語 der が主語の位置にきている． **på forhånd** 〈事前に，前もって〉． 13) **handicapbil**：handicap 〈障害〉と bil 〈自動車〉との合成語．

Hvis du vil klage

Hvis du er utilfreds med en afgørelse, skal du inden 4 uger sende klagen til Hjælpemiddelkontoret. Her bliver sagen genvurderet i løbet af to uger. Får du ikke medhold i klagen,
5 sender vi den automatisk videre til Det Sociale Ankenævn i amtet.

Her kan du henvende dig

Hjælpemiddelkontoret
    Social- og Sundhedsforvaltningen
10   Birkedalsvej 27, 3000 Helsingør
Telefontid

Mandag	8.00 - 15.00
Tirsdag-onsdag	8.00 - 16.00
Torsdag	8.00 - 17.00
15　Fredag	8.00 - 12.30

---

3) **Her ...**：主語以外の要素であるherがテーマ化され，文頭に置かれているので，主語sagenと定形動詞bliverが倒置されている． **bliver genvurderet**〈再審査される〉：genvurdere〈再審査する〉のblive-受動形. gen- は〈再び〉という意がある接頭辞. vurdere〈審査する〉． 4) **i løbet**

不服申し立てをなさりたい場合

　1つの決定に対してご不満がおありの場合には，4週間以内に不服申し立てを補助器具課にお送りください．ここで，そのケースは2週間のうちに再審査を受けます．もしあなたが不服申し立てに対して同意を得られなければ，私たちはあなたの不服申し立てを自動的にさらにアムトの社会福祉不服審査委員会に送ります．

問い合わせ

補助器具課 Hjælpemiddelkontoret 社会福祉・保健局

［住所］Social- og Sundhedsforvaltningen
　　　　Birkedalsvej 27, 3000 Helsingør

電話受付時間

月曜日	8:00 - 15:00
火・水曜日	8:00 - 16:00
木曜日	8:00 - 17:00
金曜日	8:00 - 12:30

---

af ～〈～のうちに，～以内に〉． **Får ... klagen**：倒置条件文． 5) **den**：=klagen． 7) **Her kan du henvende dig**〈ここにあなたは問い合わせることができる〉．

Åbningstid

Mandag	9.30 - 14.30
Tirsdag-onsdag	9.30 - 14.30
Torsdag	9.30 - 16.45
Fredag	9.30 - 12.00

Ergoterapeuterne på Hjælpemiddelkontoret træffes dagligt fra kl. 8.00 - 9.30 på telefon 49 28 28 28. Resten af dagen kan du lægge en besked hos ergoterapeuternes sekretærer. Efter 9.30 træffes ergoterapeuterne kun efter aftale.

Når du søger om personlige hjælpemidler, skal du henvende dig i Servicebutikken i Social- og Sundhedsforvaltningen på Prøvestenen. Telefon 49 28 29 65

Når du søger handicapbil skal du kontakte: Opfølgningsgruppen i Social- og Sundhedsforvaltningen på Prøvestenen. Telefon 49 28 28 28

Når du søger engangsartikler, skal du kontakte døgnplejen på områdecentrene.

---

1) **åbningstid**: åbning 〈開いていること〉とtid〈時間〉との合成語. 7) **resten af dagen** 〈1日のうちのその（前述した時間の）残り〉 → 〈その他の時間帯〉. 9) **kun efter aftale**〈アポイントメントにのみ基づき〉.

業務時間
 月曜日　　　　　　　　9:30 - 14:30
 火・水曜日　　　　　　9:30 - 14:30
 木曜日　　　　　　　　9:30 - 16:45
 金曜日　　　　　　　　9:30 - 12:00

　補助器具課の作業療法士には，毎日，電話番号 49 28 28 28 で，8:00 - 9:30 に連絡をとることができます．その他の時間帯には，作業療法士の秘書に伝言をお残しください．

　9時30分以降は，作業療法士はアポイントメントのある場合にのみ面会できます．

　個人専用の補助器具をお求めの場合には，プレーヴェスティーネンの社会福祉・保健局のサービスショップ（電話 49 28 29 65）にお問い合わせください．

　障害者用自動車をお求めの場合には，プレーヴェスティーネンの社会福祉・保健局の追跡調査班（電話 49 28 28 28）にご連絡ください．

　使い捨て用品をお求めの場合には，地域センターの24時間ケアにご連絡ください．

---

10) **søge om** 〜〈〜を求める〉．　12) **Prøvestenen**：Prøvestenen は社会福祉・保健局の入っている建物の名称．　13) **opfølgningsgruppe**：opfølgning〈追跡すること〉と gruppe〈グループ，班〉との合成語．

Døgnplejens telefonnumre

Område Indre By	49 28 22 96
Område Nord	49 70 24 44
Område Snekkersten	49 22 31 41
Område Syd	49 28 26 22
Område Nordvest	49 28 33 41

---

2) **Indre by** 〈町の中心部〉：すなわち 〈市街地〉．indreは 〈中心の〉 を

24時間ケアの電話番号

市街地地域	49 28 22 96
北部地域	49 70 24 44
スネカスティーン地域	49 22 31 41
南部地域	49 28 26 22
北西部地域	49 28 33 41

意味する形容詞.

著者紹介

新谷 俊裕 [しんたに・としひろ] 大阪外国語大学教授（デンマーク語学）

目録進呈 落丁本・乱丁本はお取替えいたします。

平成14年10月30日 Ⓒ第1版発行

社会福祉のデンマーク語

訳注者 新谷俊裕

発行者 佐藤政人

発行所
株式会社 大学書林
東京都文京区小石川4丁目7番4号
振替口座 00120-8-43740番
電話 (03) 3812-6281～3番
郵便番号 112-0002

ISBN4-475-02443-9　　　大文社・文章堂製本

大学書林
語学参考書

古城健志 松下正三 編著	デンマーク語辞典	A5判	1016頁
古城健志 松下正三 編著	デンマーク語日本語辞典	新書判	820頁
古城健志編	日本語デンマーク語辞典	新書判	664頁
岡田令子 菅原邦城著 間瀬英夫	現代デンマーク語入門	A5判	264頁
山野辺五十鈴編著	自習デンマーク語文法	A5判	208頁
森田貞雄著	デンマーク語文法入門	B6判	130頁
間瀬英夫 菅原邦城 編	デンマーク語基礎1500語	新書判	144頁
岡本健志著	デンマーク語分類単語集	新書判	338頁
間瀬英夫編	デンマーク語会話練習帳	新書判	144頁
アネ・メテ・イプセン 間瀬英夫著	―中級デンマーク語会話― これでいいのかな	B6判	192頁
アンデルセン 森田貞雄訳注	錫の兵隊	新書判	88頁
キルケゴール 村上恭一訳注	不安の概念	B6判	238頁
イェスペルセン 新谷俊裕訳注	ラスムス・ラスク	B6判	176頁
アンデルセン 福井信子訳注	皇帝の新しい服	B6判	280頁
ブリッカー 山野辺五十鈴訳注	ある教会書記の日記の断片／メリヤス商	B6判	246頁
レオノーラ・クリスティーナ 山野辺五十鈴訳注	嘆きの回想	B6判	272頁
山野辺五十鈴編著	デンマーク古フォルケヴィーサ	B6判	224頁

―目録進呈―